Autor _ [Salomão]
Título _ Cântico dos cânticos

Copyright _	Hedra 2011
Tradução© _	Antonio Medina Rodrigues
Primeira edição _	Badaró, 1998
Título original _	*Aisma aismatōn*
Corpo editorial _	André Fernandes, Bruno Costa, Caio Gagliardi, Fábio Mantegari, Iuri Pereira, Jorge Sallum, Oliver Tolle, Ricardo Martins Valle, Ricardo Musse
Dados _	Dados Internacionais de Catalogação na Publicação (CIP)

Cântico dos cânticos / [Salomão] (tradução Antonio Medina Rodrigues) — São Paulo : Hedra : 2011 Bibliografia.

ISBN 97-8857-715-063-2

1. Religião I. Literatura II. Literatura grega
08-5169   CDD-223.90569

Índice para catálogo sistemático:
1. Religião : Literatura : Literatura grega

Direitos reservados em língua portuguesa somente para o Brasil

EDITORA HEDRA LTDA.

Endereço _	R. Fradique Coutinho, 1139 (subsolo) 05416-011 São Paulo SP Brasil
Telefone/Fax _	(011) 3097-8304
E-mail _	editora@hedra.com.br
Site _	www.hedra.com.br

Foi feito o depósito legal.

Autor _ [Salomão]
Título _ Cântico dos cânticos
Tradução _ Antonio Medina Rodrigues
Introdução _ Adriano Scatolin
São Paulo _ 2011

hedra

[Salomão], filho e sucessor de Davi, governou Israel e Judá de 970 a 930 a.C. Quase tudo o que sabemos dele provém da Bíblia, em particular, do Livro dos Reis I e do Livro das Crônicas II. Salomão ascende ao trono, apoiado por sua mãe, Betsabé, num golpe arquitetado por esta com a ajuda do profeta Natã, do sacerdote Sadoc, e Banaías, chefe da guarda de Davi, depois chefe supremo do exército. Adonias, o primogênito de Davi, e aqueles que o apoiavam, são assassinados ou deportados. Sagrado rei, casa-se com a filha de um faraó, e recebe como dote Gezar, cidade da Cananéia. Organizou Israel em doze províncias e construiu um novo e faustoso templo em Jerusalém, mas não conseguiu consolidar a unidade do reino. Reputado o mais sábio dos israelitas, a ele é atribuída a autoria do Cântico dos cânticos, Eclesiastes, Livro da Sabedoria e Livro dos Provérbios.

Cântico dos cânticos pertence ao Antigo Testamento, e no cânon judaico é um dos livros do *Megilloth*, o conjunto de textos lidos nas cinco principais festividades judaicas, figurando ao lado dos livros de Ester, Rute, Lamentações e Eclesiastes. O Cântico se apresenta como um epitalâmio, carregado de lirismo, e com um indiscutível teor erótico. Esses cantos nupciais, que exaltam o amor conjugal, a fidelidade e a beleza física tem sido objeto de inúmeras e díspares interpretações ao longo da história, e até mesmo a sua sacralidade é posta em dúvida. Para a tradição judaica e parte da exegese católica e protestante, trata-se de uma alegoria do vínculo sagrado entre Israel e Javé, ou entre Cristo e sua Igreja. Os estudiosos modernos, no entanto, entendem-no literalmente, como uma coleção secular de poemas que celebram a união carnal.

Antonio Medina Rodrigues é professor aposentado de língua e literatura grega do Departamento de Letras Clássicas e Vernáculas da FFLCH-USP.

Adriano Scatolin é professor de língua e literatura latina do Departamento de Letras Clássicas e Vernáculas da FFLCH-USP.

SUMÁRIO

Introdução, por Adriano Scatolin 9
CÂNTICO DOS CÂNTICOS 45

INTRODUÇÃO

A Septuaginta é a tradução em grego dos livros da Bíblia que a tradição cristã conhece como Antigo Testamento, provavelmente realizada, a partir do século III a.C., para o uso das comunidades judaicas de língua grega da Diáspora que não mais dominavam o hebraico, língua em que foram compostas suas Escrituras. No período helenístico (323-31 a.C.), os judeus haviam se espalhado por todo o Mediterrâneo, chegando, por exemplo, ao Egito, à Síria, à Mesopotâmia, a cidades da Ásia Menor, às ilhas do mar Egeu, à Grécia continental, a Creta, Chipre e Cirene, e eram muito mais numerosos do que os judeus da Palestina, de acordo com Gruen.[1] Os registros arqueológicos, epigráficos, papirológicos e literários apontam para a onipresença da sinagoga na Diáspora:[2] os judeus tinham liberdade religiosa e podiam manter-se ligados a suas instituições, e a tradução dos textos sagrados — a primeira da Bíblia a ser realizada em toda a história — teria sido originalmente concebida para uso dessas sinagogas. Com o passar dos séculos, porém, a *Sep-*

[1] Gruen (2006), p. 272.
[2] Idem, p. 273.

tuaginta ganhou importância e dimensões muito maiores, tanto no Ocidente como no Oriente: a Igreja Latina, por exemplo, usou-a como base para a primeira tradução da Bíblia em latim, hoje conhecida como *Vetus Latina*; a porção de língua grega do Império Romano considerou-a como a autoridade inspirada das Escrituras, juntamente com o Novo Testamento, ele mesmo escrito em grego; e o Antigo Testamento grego teria criado as condições favoráveis, tanto culturais como lingüísticas, para a escrita deste.[3]

Originalmente, a *Septuaginta* compreendia apenas os cinco livros da Lei de Moisés, a *Torá* dos judeus (Pentateuco na tradição ocidental: Gênesis, Êxodo, Levítico, Números e Deuteronômio). Com o passar dos séculos, foram sendo traduzidos os demais livros do Antigo Testamento hebraico: os Profetas e os escritos históricos num segundo momento, os demais livros, os chamados Escritos – dentre os quais o Cântico dos cânticos, atribuído ao rei Salomão –, num terceiro, e, por volta da época de Cristo, quase toda a tradução já estaria completa, segundo Herklots.[4] A história de como a *Septuaginta* teria sido realizada em Alexandria, no antigo Egito, é relatada numa carta atribuída a certo Aristéias, supostamente um pagão simpatizante do judaísmo,

---

[3] Conybeare & Stock (1905), p. 20-21.
[4] Herklots (1954), p. 114-115.

membro da guarda real alexandrina no século III a.C., que aponta o reinado de Ptolomeu II Filadelfo (285-247 a.C.) como a época de sua composição.

A LENDA

De acordo com o testemunho de Aristéias, Ptolomeu teria perguntado ao chefe da hoje lendária Biblioteca de Alexandria, Demétrio de Falero,[5] acerca do número de seus volumes. Demétrio lhe responde que já chega a duzentos mil, mas que logo pretende ampliá-la para quinhentos mil, notando que, segundo ouvira dizer, os livros da Lei judaica mereceriam um lugar na Biblioteca. Ptolomeu pergunta-lhe o motivo de ainda não se encontrarem ali, e Demétrio aponta, numa carta citada dentro do relato, o fato de estarem escritos em outro alfabeto e de carecerem de tradução. O rei ordena, então, que se escreva uma carta a Eliézer, o sumo sacerdote da Judéia, solicitando-lhe seis sábios anciãos de cada uma das doze tribos de Israel para a realização da tradução. Como prova de boa-fé, Ptolomeu, por sugestão de Aristéias, libertará os cem mil judeus aprisionados por seu pai, Ptolomeu I Soter, quando da conquista da Palestina, bem como

---

[5] Demétrio de Falero, um dos primeiros peripatéticos, foi discípulo de Aristóteles e Teofrasto e governante de Atenas por dez anos (317-307 a.C.), até sua deposição e conseqüente partida para Alexandria.

todos os que haviam sido levados à força ao Egito antes disso.

Depois de detalhar, então, as dádivas do rei a Eliézer e de mencionar em pormenor alguns aspectos da cidade de Jerusalém, dos costumes dos judeus e de sua lei, Aristéias relata a chegada dos setenta e dois sábios a Alexandria e a maneira como foram prontamente recebidos pelo rei, que lhes ofereceu banquetes por sete dias seguidos, quando teve a oportunidade de interrogar cada um dos anciãos e se deleitar com sua sabedoria, sempre apoiada em Deus.

Na ilha de Faros, eles teriam, sob a coordenação de Demétrio, realizado a tradução em exatos setenta e dois dias, como que propositalmente: retirados, diante do ambiente tranqüilo e propício do mar, em que lavavam as mãos todos os dias, antes de iniciar seus trabalhos, como sinal de pureza e ausência de pecados, comparavam a cada dia o resultado de suas traduções individuais, procurando chegar a um consenso quando havia discordâncias, e o texto que ficava acertado era então copiado segundo a supervisão de Demétrio.

Quando foi completada, a tradução foi lida, diante dos tradutores, para toda a população judaica, reunida no local onde fora produzida, a qual, apreciando-a enormemente, recomendou que uma cópia fosse feita e entregue a seus líderes. E, dado o caráter sagrado e preciso que se atingira, os judeus lançaram uma maldição contra quem quer que ousasse alterar, futuramente, o texto da tradução. Depois de ouvir sua leitura e muito admirar-se, o rei recomendou que fosse guardada e religiosamente protegida na Biblioteca. Esta é a origem, então, do nome da *Septuaginta*, que significa "setenta" em latim: a Bíblia dos Setenta, usado por comodidade em lugar de Setenta e Dois.

AUTENTICIDADE E VALOR DA CARTA DE ARISTÉIAS

Este relato é considerado em grande parte fictício pelos estudiosos modernos, e acredita-se que tenha sido composto por volta de 100 a.C., ou seja, mais de 150 anos após a data que consta do texto.[6] Conybeare e Stock citam como favoráveis a sua veracidade apenas dois elementos externos à Carta de Aristéias: em primeiro lugar, Aristobulo, um judeu alexandrino mestre de Ptolomeu VI Filométor (c.191-145 a.C.), faz menção à tradução realizada pelo ancestral de Ptolomeu sob a supervisão de Demétrio de Falero. Além disso, Filo de Alexandria (20 a.C.-50 d.C.) afirma, em sua *Vida de Moisés*, que anualmente ocorria, na ilha de Faros, um festi-

---

[6] Schwarz (1970), p. 17.

val para a celebração do lugar onde surgira a Bíblia grega.[7]

No entanto, Conybeare e Stock enumeram, ao lado destes, vários outros motivos internos que nos devem fazer desconfiar da literalidade da carta: Demétrio de Falero era o principal amigo de Ptolomeu I Soter, mas caiu em desgraça e morreu logo após a ascensão do segundo, pois aconselhara Ptolomeu I a legar seu reino não ao Filadelfo, mas a seus filhos com a primeira esposa, Eurídice — ou seja, é inverossímil a relação entre o rei e Demétrio tal como apresentada no relato de Aristéias, e a dupla de estudiosos conclui que, se Demétrio realmente esteve envolvido na tradução, o mais provável é que o tenha feito sob Ptolomeu I. Logo, a carta não teria sido escrita por Aristéias, já que seria absurdo imaginar que o autor pudesse enganar-se acerca do rei de seu próprio tempo. Além disso, há dois momentos na carta em que o autor parece trair-se e falar não mais do ponto de vista da época do segundo Ptolomeu, mas da sua própria: no § 28, refere-se a "esses reis" e, como apontam Conybeare e Stock, essa é uma expressão muito mais adequada a quem olha para trás e vê uma longa dinastia do que a um súdito do segundo rei da linhagem ptolomaica; e no § 182 a carta diz "pois assim foi apontado pelo rei, como se pode ver ainda hoje", e esta última

---

[7] Filo de Alexandria, *Vida de Moisés* 2, 41-44.

expressão, "ainda hoje", não faz sentido se escrita por um contemporâneo do evento.[8]

Herklots, analisando o texto, descarta a possibilidade de que seja totalmente fictício e conclui que certamente foi produzido em Alexandria, embora não por sábios enviados de Jerusalém, já que traz as marcas dos estudos típicos de Alexandria, e que apenas a Lei teria sido traduzida num primeiro momento.[9] Schwarz, por sua vez, partindo do pressuposto de que a carta foi escrita por volta de 100 a.C., aponta para o princípio filológico de tradução subjacente ao relato:

A tradução da Bíblia, como um livro sagrado, tem de ser executada com bastante cuidado. Para a realização de uma tradução exata, é necessária uma comissão que possa discutir cada detalhe. A concordância entre os membros desta comissão [...] é prova suficiente de que a tradução é precisa. [...] Os próprios tradutores devem ser eruditos e encarar sua tarefa com uma mente piedosa e livre de pecado, e, portanto, eles se purificam lavando suas mãos e orando. Isso, ao que parece, não é feito para buscar a intervenção de Deus em sua tarefa. Na Carta, nenhum milagre acontece para iluminar os tradutores. O trabalho da mente humana é suficiente para produzir uma tradução da palavra de Deus. No entanto, há uma oração que parece apontar para algum

---

[8] Conybeare & Stock (1905), p. 10-12.
[9] Herklots (1954), p. 114.

evento milagroso. O número dos tradutores é setenta e dois; eles completaram seu trabalho em setenta e dois dias 'como se esta coincidência tivesse sido proposital' (§ 307). O autor, ao que parece, está jogando com a idéia de que algum milagre possa ter ocorrido, ou referindo-se a outra tradição acerca da origem da tradução.[10]

VERSÕES POSTERIORES DA LENDA

A Carta de Aristéias é apenas a primeira e mais verossímil narrativa de uma longa tradição que se formaria em torno da tradução. Os relatos posteriores acerca desse mesmo "evento" acrescem-lhe detalhes milagrosos: em alguns deles, como veremos em seguida, os sábios estariam completamente isolados uns dos outros e, quando compararam os resultados ao fim dos trabalhos, os textos seriam precisamente iguais, prova da inspiração divina da *Septuaginta*. Wasserstein, estudioso que acaba de publicar um livro que analisa a lenda em torno da *Septuaginta*, a Carta de Aristéias e as tradições posteriores que dela se apoderaram, amplificando-a, assim resume a questão:

Ao longo dos séculos seguintes, até nossa própria época, a história foi adaptada e mudada por judeus, cristãos, muçulmanos e pagãos por diversas razões: para contar uma história, para explicar eventos históricos e – mais

---

[10] Schwarz (1970), p. 20-21 (itálico nosso).

freqüentemente — para conferir autoridade ao texto grego para as instituições que dele se serviam.[11]

Atentemos a alguns exemplos dessas tradições.

Filo de Alexandria pode ser considerado como um dos representantes da tradição judaica que procurou legitimar o uso da *Septuaginta* entre os judeus, atribuindo-lhe caráter inspirado, profético e divino. Em seu relato, que aparece em sua *Vida de Moisés*, é Ptolomeu I quem comissiona a tradução da Lei de Moisés, embora não haja, como seria de esperar, menção a Demétrio de Falero: é do próprio rei que vem o desejo ardente de tomar conhecimento das Escrituras. Sem fazer qualquer alusão a dádivas por parte do rei, Filo afirma que Ptolomeu enviou embaixadores ao sacerdote e rei da Judéia — eram o mesmo, mas não ficamos sabendo seu nome nessa versão —, e este, contente por ver nisso a vontade de Deus — outro elemento ausente da Carta de Aristéias — cedeu-lhe os setenta e dois anciãos.

Enquanto Pseudo-Aristéias, como é hoje denominado o anônimo autor da carta, demora-se, ao longo de várias páginas, no relato de cada uma das setenta e duas questões que o rei dirige aos tradutores, Filo sintetiza o episódio num único parágrafo, em que aponta a sagacidade dos judeus, que respondiam de maneira concisa, por meio de

---

[11] Wasserstein (2006), p. 4.

sentenças. Também faz menção à ilha de Faros e a sua tranqüilidade, propícia ao contato da alma em isolamento com a Lei, mas acresce também, à diferença do Pseudo-Aristéias, que se evitou a cidade de Alexandria por suas doenças, mortes, impurezas. Filo, engenhosamente, então, relaciona o fato de estarem isolados em meio aos elementos da natureza, terra, água, ar, fogo, às primeiras palavras sagradas da Lei, ou seja, o livro de Gênesis, que trata da criação do universo (*kosmopoiía*), e refere, não que os anciãos traduziam, mas, inspirados, profetizavam – e não cada um a sua maneira, mas precisamente as mesmas palavras e expressões. Filo conclui seu relato afirmando que aqueles que conhecem as duas línguas, o hebraico e o grego, consideram os dois textos como irmãos, ou, antes, como um único texto, e denominam seus autores hierofantes e profetas, não tradutores.[12]

Já Eusébio (c. 260-antes de 341 d.C.), em sua *História da Igreja*, cita o testemunho de Irineu, bispo de Lyon do século II d.C., em que podemos perceber a apropriação da lenda por parte da Igreja primitiva de língua grega e, tal como no caso de Filo, a idéia de que a tradução seria inspirada por Deus, ou seja, tão legítima quanto o original. Irineu faz menção aos setenta sábios (sic) convocados por Ptolomeu I Soter – concordando, portanto, com

---

[12] Filo de Alexandria, *Vida de Moisés* II, 25-40.

Filo – para a realização da tradução, que teriam vindo de Jerusalém e seriam os mais versados nas Escrituras e nas duas línguas. Porém, Ptolomeu, temendo que os anciãos o enganassem e não traduzissem fielmente o Pentateuco, ocultando-lhe a verdade, ordena que os setenta realizem a tradução em completo isolamento uns dos outros. Ao fim dos trabalhos, quando compararam os resultados atingidos individualmente, constatou-se que as traduções eram idênticas, palavra por palavra, expressão por expressão, e, portanto, de inspiração divina.[13]

Agostinho (354-430 d.C.), por sua vez, parece opor-se, no livro XVIII da *Cidade de Deus*, à tradução em latim recém-realizada por Jerônimo (405 d.C.) a partir não mais da *Septuaginta*, como o fora a *Vetus Latina*, mas do original hebraico, embora reconheça sua autoridade e conhecimento aprofundado das três línguas. Ele se depara ainda com outro problema: como explicar as diferenças entre os manuscritos gregos e hebraicos e, ainda assim, garantir a legitimidade, autoridade e inspiração divina da *Septuaginta* e, conseqüentemente, da *Vetus Latina*?

Em seu relato, Agostinho utiliza elementos que aparecem na Carta de Aristéias misturados a outros que vimos em Filo e Irineu: tal como aquela, situa a escrita da tradução, por parte dos setenta e dois sá-

---

[13] Eusébio, *História da Igreja* V, 10-15.

bios, no reinado de Ptolomeu II Filadelfo, aludindo à entrega dos cativos judeus, de presentes ao templo de Deus e ao pedido a Eliézer; à maneira destes, ignora a figura de Demétrio de Falero e defende o caráter inspirado e divino da tradução: nessa versão, tamanho era o consenso entre os tradutores, isolados uns dos outros, que não havia discordância no sentido ou mesmo na ordem das palavras, como se de um único tradutor se tratasse – e Agostinho dá nome a esse tradutor, elemento ausente nas demais versões: o Espírito de Deus. Estabelecido esse ponto, Agostinho poderá então contestar a autoridade de outras traduções feitas em grego, tais como as de Áquila, Símaco e Teodócio, bem como a da tradução de Jerônimo em latim, feita a partir do hebraico. Porém, como dissemos, tem de enfrentar o problema da diferença entre os manuscritos em hebraico e em grego. Para tal, argumenta que o mesmo Espírito que estava nos profetas, ao escrever o texto original, também se encontrava nos Setenta, ao realizar a tradução; se há diferença nas palavras, não o há no sentido, e a omissão ou acréscimo de detalhes aponta para um poder divino que governava a mente dos tradutores, não para uma servidão devida às palavras, que seria humana; tudo aquilo que se encontra na versão hebraica, mas não na grega, argumenta, deve-se ao fato de que o Espírito de Deus o quis falar por meio daqueles profetas que a escreveram, não destes, que a traduziram – o inverso também é verdadeiro –, tal como havia dito coisas diferentes por meio de Isaías, Jeremias e dos demais profetas. Enfim, quando há concordância entre as duas versões, evidentemente, o Espírito o quis afirmar por meio de ambos: uns profetizando, outros traduzindo profeticamente.[14]

VETUS LATINA, JERÔNIMO E A VULGATA

A primeira versão da Bíblia em latim, como dissemos anteriormente, hoje conhecida pelos estudiosos como *Vetus Latina*, ou seja, (Bíblia) Latina Antiga, não foi feita a partir do original hebraico, mas da versão grega da *Septuaginta*, embora não se saiba, como afirma Schwarz, se isso aconteceu por desconhecimento da língua hebraica ou por se acreditar que a *Septuaginta* fora inspirada por Deus e, portanto, podia ser considerada como substituto do original.[15] Como quer que seja, no século IV as discrepâncias nas cópias da tradução latina eram tamanhas, que o papa Dâmaso (305-384 d.C.) solicitou a Jerônimo (342-419 d.C.) que realizasse uma revisão do texto.

---

[14] Agostinho, *Cidade de Deus* XVIII, 41-43.
[15] Schwarz (1970), p. 26. Em toda esta passagem usamos como guia a leitura da obra deste estudioso, à qual remetemos o leitor.

Nota-se, então, conforme se pode depreender dos prefácios a suas revisões e traduções, uma crescente desconfiança da parte de Jerônimo em relação ao caráter inspirado da *Septuaginta*, que acaba por ser explicitamente negado no prefácio a sua tradução do Pentateuco. Como resultado, Jerônimo, enfrentando, como vimos acima, as críticas de Agostinho, entre outros, aos quais sempre faz questão de responder em suas argumentações, acabou por realizar a tradução completa do Antigo Testamento a partir do hebraico, e esta, junto com sua revisão da tradução latina do Novo Testamento – escrito originalmente em grego –, acabou se tornando, e o é até os dias de hoje, a versão oficial da Bíblia da Igreja. Acompanhemos essa evolução do pensamento de Jerônimo com alguns exemplos tomados a seus prefácios.

No prefácio a sua revisão do Evangelho, Jerônimo, discutindo as discrepâncias das cópias da Bíblia em latim, afirma que a tradução latina do Antigo Testamento está a três graus do original, pois foi realizada a partir da versão grega – a qual, por sua vez, o fora da hebraica – e que seu critério de correção não será a *Septuaginta* ou os tradutores posteriores do original hebraico, mas o testemunho dos evangelistas, referindo-se às citações do Antigo Testamento que aparecem no Novo, mas não na versão dos Setenta:

E não discuto o Antigo Testamento, o qual, traduzido em grego pelos Setenta anciãos, chegou até nós em terceiro grau. Não procuro saber o que Áquila, o que Símaco conhecem, ou por que Teodócio fica numa posição intermediária entre os novos e os antigos: seja a tradução correta a que os Apóstolos aprovaram.[16]

Já no prefácio a suas *Quaestiones Hebraicae in Genesim*, Jerônimo retoma e expande a idéia de que os escritores do Novo Testamento devem servir como autoridade para o estabelecimento do texto mais correto. Porém, é obrigado novamente a responder aos detratores, que o acusam de repreender os Setenta e apontar seus erros. Seu argumento para explicar a ausência de diversas profecias acerca do advento de Cristo na versão grega da *Septuaginta* é o de que os anciãos o teriam feito de maneira deliberada, pois Ptolomeu supostamente via o fato de os hebreus cultuarem um único deus como uma coincidência com o dogma platônico e, assim, evitariam que acreditasse que cultuavam também uma segunda divindade. Outro argumento utilizado é o fato de os Setenta haverem traduzido apenas o Pentateuco:

E não estamos apontando, como bradam os malevolentes, os erros dos Setenta tradutores, nem consideramos nosso trabalho uma crítica ao deles, pois não quiseram registrar cada um dos elementos místicos presentes nas

[16] Jerônimo, "Prefácio ao Evangelho".

Sagradas Escrituras para Ptolomeu, rei de Alexandria, e sobretudo aqueles que prometiam o advento de Cristo, para que os judeus não parecessem cultuar também uma segunda divindade: aquele seguidor de Platão tinha em grande conta o fato de se dizer que cultuavam um único Deus. Porém, tanto os Evangelistas quanto o nosso Senhor e Salvador, bem como o Apóstolo Paulo, referem diversas passagens que não se encontram em nossos códices como se provenientes do Antigo Testamento. [...] Com isso, é evidente que são mais corretas as cópias que concordam com a autoridade do Novo Testamento. Soma-se a isso o fato de Josefo, que menciona a história dos Setenta tradutores, relatar que traduziram apenas cinco livros, e mesmo nós admitimos que estão mais em acordo com os hebraicos do que os demais.[17]

No prefácio a sua tradução do Pentateuco, enfim, Jerônimo, obrigado a se defender da crítica de que estaria a forjar novas passagens, desconhecidas da, *Vetus Latina*, repete o argumento anterior acerca dos motivos de ausência das profecias sobre o advento de Cristo e nega explicitamente a inspiração divina da *Septuaginta*, apontando que a história de que os tradutores estavam isolados uns dos outros em setenta celas é uma mentira inventada por algum autor que desconhece, não estando presente na *Carta de Aristéias* ou no relato do historiador

---

[17] Jerônimo, "Prefácio às *Quaestiones Hebraicae in Genesim*".

Flávio Josefo:

E não sei qual foi o primeiro autor a construir, com sua mentira, as setenta celas em Alexandria, nas quais, isolados, teriam escrito as mesmas palavras, uma vez que Aristeu (sic), guarda desse mesmo Ptolomeu, e Josefo, muito tempo depois, nada referem a esse respeito, mas escrevem que, reunidos numa única basílica, debatiam, não profetizavam.[18]

O CÂNTICO DOS CÂNTICOS

O Cântico dos cânticos, como indicado acima, pertence à parte do cânone bíblico hebraico que os judeus chamam de Escritos (*Ketuvim*), sendo o primeiro dos cinco *Megilloth* – os livros que são lidos na sinagoga durante as celebrações da Páscoa, Pentecostes, Nove de Ab, Tabernáculos e Purim –, seguido de Rute, Lamentações, Eclesiastes e Ester, embora seja colocado após o Eclesiastes na *Septuaginta* e, por isso, também nas traduções modernas.[19] Dois teriam sido os fatores que permitiram ao livro ganhar lugar entre os livros canônicos da Bíblia: sua atribuição ao rei Salomão e a interpretação alegórica que recebeu, tanto em meios judaicos quanto cristãos, com o passar dos séculos.[20] De fato, embora o texto também fosse entendido de maneira

---

[18] Jerônimo, "Prefácio ao Pentateuco".
[19] Tanner (1997), p. 24.
[20] Kent (1914), p. 22; Soggin (1976), p. 400.

literal – leitura predominante sobretudo antes do cristianismo –, os judeus viram no casamento encenado no Cântico a união de Deus com o povo de Israel, por exemplo, ou da *Torá* com o homem, enquanto os cristãos atribuíram-no à união de Cristo e a Igreja.

Fields resume bem a questão:

Para a mente cristã ocidental, afirmações explícitas sobre amor sexual e descrições detalhadas da anatomia do corpo humano, todas elas discutidas sob um número de símiles e metáforas inconfundíveis e bastante visuais, são extremamente constrangedoras de se ler num livro da Bíblia. Mesmo os escritores judeus posteriores, aparentemente influenciados por seus pares cristãos, consideraram as descrições sexuais do Cântico por demais explícitas. A história da interpretação do Cântico é, dessa forma, em grande medida a história dos métodos de judeus e cristãos de lidar com esse constrangimento, e seus comentários são mais freqüentemente comentários sobre si mesmos e sua época do que sobre o Cântico.[21]

A título de comparação, tomemos como exemplo de leitura alegórica a *Primeira homilia* de Orígenes ao Cântico do cânticos, entre os cristãos, e o anônimo *Targum*[22] aramaico, de origem judaica.

---

[21] Field (1980), p. 221-222.
[22] Tradução ou paráfrase das Escrituras, escrita em aramaico.

A PRIMEIRA HOMILIA DE ORÍGENES AO CÂNTICO DOS CÂNTICOS

> *Feliz [...] o que compreende os cânticos e os entoa [...], mas muito mais feliz o que entoa o Cântico dos cânticos.*
>
> Orígenes

Orígenes (c. 185 - 254 d.C.), padre da Igreja primitiva que compilou uma importante edição da Bíblia conhecida entre os estudiosos como *Hexapla*, escreveu um longo comentário em dez volumes ao Cântico e duas homilias que foram traduzidas por Jerônimo. Tomemos a primeira destas como exemplo da leitura alegórica promovida em meios cristãos, comentando algumas de suas interpretações aos primeiros versos do livro.

O autor, que se castrara ainda jovem, por influência de Mateus 19, 12,[23] justifica sua interpretação como a leitura espiritual que torna o leitor digno dos segredos das Escrituras:

É preciso, portanto, que aquele que sabe ouvir espiritualmente as Escrituras, ou que, é certo, não o sabe e deseja saber, lute com todo o empenho para não se associar à

---

[23] "Com efeito, há eunucos que nasceram assim, desde o ventre materno. E há eunucos que foram feitos eunucos pelos homens. E há eunucos que se fizeram eunucos por causa do Reino dos Céus. Quem tiver capacidade para compreender, compreenda!" (Tradução da Bíblia de Jerusalém).

carne e ao sangue, a fim de se tornar digno dos segredos espirituais e – para dizê-lo com maior ousadia – arder de desejo e amor espirituais, visto que existe também um amor espiritual.[24]

No prefácio a seu comentário, Orígenes é mais explícito em sua condenação da leitura literal do texto, e adverte o leitor imbuído do amor da carne e do sangue a manter-se distante do Cântico:

> Por isso aconselho e advirto, a todo aquele que não se libertou dos cuidados da carne e do sangue e que não se afastou do desejo da natureza corpórea, que se abstenha completamente da leitura deste livro e do que dele se diz. De fato, dizem que os hebreus observam a regra de que, a menos que tenhamos alcançado uma idade perfeita e madura, não temos permissão sequer para segurar este livro em nossas mãos.[25]

Na homilia, Orígenes pensa num caminho espiritual ascendente de sete cânticos bíblicos: primeiro, deve o leitor, depois de deixar o Egito e atravessar o mar Vermelho, entoar o cântico de vitória de Êxodo 15, 1-18. Ainda assim, estará longe do Cântico dos cânticos, e deverá perambular espiritualmente pelo deserto até encontrar o poço perfurado pelos reis, onde poderá entoar o segundo cântico, em celebração a ele, mencionado em Nú-

---

[24] Orígenes, *Homilia* I, 502 A. Mantemos as repetições lexicais do original em nossa tradução.
[25] In Greer (1979), p. 218.

meros 21, 17. Depois disso, deverá aproximar-se das vizinhanças da Terra Santa, às margens do rio Jordão, para cantar o cântico de Moisés, dado a este por Iahweh quando estava para morrer, aos 120 anos, como advertências às gerações futuras do povo de Israel (Deuteronômio 32, 1-43). O quarto cântico desta trilha espiritual encontra-se em Juízes 5, 1-31: trata-se do episódio da profetisa Débora e de Barac, chefe do exército de Israel; o quinto encontra-se em II Samuel 22, 1, entoado por Davi depois de libertado das mãos de seus inimigos e de Saul; e o sexto, enfim, que antecede a chegada ao mais elevado de todos os cânticos, é o cântico da vinha que se encontra em Isaías 5. Trilhado esse caminho, poderá o leitor então ascender ao Cântico dos cânticos.

Orígenes identifica quatro personagens no livro, que classifica como um epitalâmio, ou seja, um canto nupcial: o marido, a esposa, as jovens companheiras da esposa e os amigos do marido, e adverte o leitor para que não os procure entender senão como aqueles que se salvaram pela pregação do Evangelho: Cristo é o esposo; a Igreja, a esposa sem mácula ou rugas, tal como em Efésios 5, 27;[26] as jovens são as almas dos que crêem; e os companhei-

---

[26] "[...] para apresentar a si mesmo a Igreja, gloriosa, sem mancha nem ruga, ou coisa semelhante, mas santa e irrepreensível". Tradução da Bíblia de Jerusalém (1992), tal como

ros do marido são os anjos. Deve o leitor, segundo suas possibilidades, identificar-se à esposa, aos companheiros do marido, ou às jovens do séquito da esposa:

E ao compreenderes isso, ouve o Cânticos dos cânticos, e apressa-te a compreendê-lo e a dizer, junto com a esposa, o que a esposa diz, a fim de ouvires o que ouviu também a esposa. Porém, se não puderes dizer, junto com a esposa, o que ela disse, a fim de ouvires o que foi dito à esposa, apressa-te, então, a estar entre os companheiros do esposo. Todavia, se és inferior também a eles, fica junto com as jovens que falam dos deleites da esposa.[27]

Orígenes considera o primeiro verso, "Que me beije dos beijos de sua boca", como uma oração da esposa — a Igreja — ao Pai — Deus — solicitando a vinda do esposo — Cristo. Este, enviado por Deus, vem até a esposa para ungi-la, dizendo-lhe as palavras que se encontram em Salmos 44, 8: "Amas a justiça e odeias a impiedade, eis por que Deus, o teu Deus, te ungiu com o óleo da alegria, como a nenhum de teus rivais". Ao comentar os versos

> Porque teus seios são belos,
> São melhores do que o vinho.
> Melhor que todos os aromas

em todas as citações bíblicas feitas por Orígenes, à exceção do Cântico dos cânticos.
[27] Orígenes, op. cit., 501 C.

É teu perfume de mirto.
O óleo derramado é teu nome [...]²⁸

Orígenes aponta que o pecado apresenta um odor fétido, enquanto a virtude exala perfumes. Também Moisés, Aarão e cada um dos profetas tinham perfumes, porém, não se pode compará-los ao perfume de Cristo. O óleo derramado é o nome de Cristo, espalhado pelo mundo assim que Jesus veio a ele: o nome de Moisés restringia-se à Judéia e não há menção a ele entre os autores gregos e gentios, mas o nome de Cristo, assim que raiou no mundo, espalhou consigo a lei e os profetas.²⁹ Já quando interpreta os versos

> Eu sou negra, ó filhas de Jerusalém,
> E bela como as tendas de Quedar,
> Como as peles do rei Salomão.
> Não me admireis, porque eu esteja enegrecida:
> É que o sol me há remirado.

Orígenes interroga-se como a noiva poder ser a um só tempo bela e negra – o que soa ultrajante a nossos ouvidos modernos. Sua resposta é que, por ter feito penitência de seus pecados, a conversão lhe

---

[28] Adaptamos aqui a tradução de A.M. Rodrigues de acordo com a leitura de Orígenes.
[29] Orígenes, op. cit., 505-6 A.

conferiu beleza; porém, como ainda não se purgou da imundície de todos os pecados e ainda não está totalmente salva, ela é chamada de negra, embora assim não permaneça, como atesta, diz Orígenes, o versículo 8, 5: "Quem é essa que ascendida em sua brancura/ Em seu amado recosta?". E adverte, então, o leitor:

> Se também tu não fizeres a penitência, cuida para que tua alma não seja considerada negra e torpe, e não te desfigures por uma dupla fealdade: negra devido aos pecados do passado, torpe por perseverares nos mesmos vícios.[30]

Como último exemplo tomado a esta homilia, podemos citar o verso "Os filhos de minha mãe me hostilizaram". Em sua leitura, Orígenes pede ao leitor que pense em Paulo e nos perseguidores da Igreja para compreendê-lo – eles fizeram a penitência e, convertidos pelos sinais de sua irmã, passaram a pregar a fé que antes tentavam destruir.

O TARGUM ARAMAICO DO CÂNTICO DOS CÂNTICOS

O *Targum*, ao comentar o primeiro verso, "Cântico dos cânticos, o que é de Salomão", afirma que houve, não sete, como pretendia Orígenes, mas dez cânticos entoados neste mundo, e este é o melhor

---

[30] Orígenes, op. cit., 510 A.

de todos eles – um dos poucos pontos em que os dois textos parecem concordar.

O primeiro é o Salmo 92, pronunciado por Adão quando recebeu o perdão de sua culpa; o segundo, terceiro e quarto coincidem com o elenco de Orígenes: trata-se do cântico da vitória após a travessia do Mar Vermelho, da celebração do poço perfurado pelos reis e do canto dado a Moisés quando estava prestes a morrer; o quinto encontra-se em Josué 10, 12: é o cântico entoado por Josué a Iahweh, quando sol e lua pararam para ele por 36 horas; o sexto é o episódio de Débora e Barac, que aparece também em Orígenes; o sétimo, que se encontra em 1 Samuel 2, 1-10, é o cântico de Ana quando Iahweh concedeu-lhe um filho; o oitavo é o cântico de Davi que vimos mencionado por Orígenes; o nono é o Cântico dos cânticos; e o décimo, por fim, mencionado em Isaías 30, 29, é o canto da redenção do Exílio, a ser cantado pelos filhos deste.

Por clareza e concisão, fiquemos com os comentários do *Targum* aos mesmos versos que citamos da *Primeira homilia* de Orígenes. Dado seu caráter pontual, podemos apresentá-los aqui integralmente. Repare-se que a relação com a literalidade do versos é extremamente tênue, por vezes, quase inexistente.

> Beija-me com beijos de tua boca!
> Teus amores são melhores do que o vinho.[31]

(1, 2) Disse o profeta Salomão: Bendito o nome de YY,[32] que nos deu a *Torá* pelas mãos de Moisés, o grande Escriba, inscritas em duas tábuas de pedra, e [nos deu] as seis ordens do *Mishná* e do *Gemará* por tradição oral, e conversou conosco face a face (como um homem que beija sua companheira) pelo grande amor que nutria por nós, mais do que pelas setenta nações.[33]

> O odor dos teus perfumes é suave,
> teu nome é como um óleo escorrendo,
> e as donzelas se enamoram de ti...

(1, 3) Ao som de teu milagre e poder, que operaste pelo povo, a Casa de Israel, todas as nações que ouviram o relato de teu poder e bons sinais tremeram; e teu Nome Sagrado foi ouvido por toda a terra, e era mais seleto do que o óleo dos altos cargos com que se ungiam as cabeças de reis e sacerdotes. E, portanto, os justos adoravam seguir o caminho de tua bondade a fim de que pudessem possuir este mundo e o mundo por vir.

> Sou morena, mas formosa,
> ó filhas de Jerusalém,
> como as tendas de Cedar
> e os pavilhões de Salma.

---

[31] Tradução da Bíblia de Jerusalém.
[32] Iahweh.
[33] Todas as passagens do *Targum* tomadas à tradução inglesa de J.C. Treat (cf. bibliografia).

(1, 5) Quando a Casa de Israel fez o Bezerro [de Ouro], suas faces enegreceram como os filhos de Cush [Etíopes] que habitam as tendas de Cedar. E quando se voltaram em arrependimento e sua culpa foi-lhes perdoada, o esplendor da glória de suas faces cresceu como os anjos, porque fizeram as cortinas para o Tabernáculo e a Presença de YY residiu entre eles. E Moisés, seu mestre, subiu ao Firmamento e estabeleceu a paz entre eles e seu Rei.

> Não olheis eu ser morena:
> foi o sol que me queimou;
> os filhos da minha mãe
> se voltaram contra mim,
> fazendo-me guardar as vinhas,
> e minha vinha, a minha...
> eu não a pude guardar.

(1, 6) A Assembléia de Israel disse às nações: Não me desprezeis por ser mais escura do que vós, por eu ter agido de acordo com vossos feitos e curvado-me ao sol e à lua. Pois falsos profetas fizeram que a poderosa fúria de YY se voltasse contra mim. Eles ensinaram-me a idolatrar vossos ídolos e a andar segundo vossas leis. Mas ao Senhor do Mundo, que é meu Deus, eu não servi e não segui suas Leis, nem cumpri Seus mandamentos e sua Lei.

OUTRAS INTERPRETAÇÕES DE JUDEUS E CRISTÃOS E A VISÃO MODERNA

Como exemplo alternativo da leitura alegórica do livro entre os judeus, podemos citar o *Midrash*[34] ao segundo verso do Cântico, "Pois teu amor[35] é melhor do que o vinho":

> Aqui as palavras da *Torá* são comparadas ao vinho. Tal como o vinho faz o coração do homem se alegrar, conforme escrito em Salmos 104, 15 [...] "e o vinho alegra o coração do homem", assim o faz a *Torá*, Salmos 19, 9 [...] "os preceitos do Senhor são corretos, alegrando o coração". Tal como o vinho traz alegria ao corpo, as palavras do Senhor confortam a alma: Salmos 94, 19 [...] "Teus confortos deleitam minha alma". De resto, quanto mais velho o vinho, melhor ele se torna, e com [...] as palavras da *Torá*, quanto mais são inculcadas no homem, mais eficientes se tornam.[36]

Outra vertente de interpretação alegórica cristã via a noiva do Cântico como a Virgem Maria, e usava versos como 4, 7, "És bela, minha amada, e em ti não há defeito" como prova de doutrina de

---

[34] "Exposição rabínica da Escritura que visa não apenas à mera elucidação do texto bíblico, mas também à descoberta, dentro da Escritura, de normas gerais que teriam aplicação universal". In: Ferm (1945), s.v. *Midrash*.
[35] Segundo o original hebraico – a *Septuaginta* e a *Vulgata* dizem "peito" ou "seios" em lugar de "amor".
[36] Apud Fields (1980), p. 29.

sua concepção imaculada.³⁷ O mesmo verso, no *Targum* do Cântico dos cânticos, é assim interpretado: "E no tempo em que o povo, a Casa de Israel, fez a vontade do Senhor do Mundo, Ele os louvou no céu acima, e isto foi o que disse: És bela, ó Congregação de Israel, e em ti não há defeito".³⁸

Nas palavras de Saadia, comentador medieval da obra, o Cântico dos cânticos é um livro cuja chave se perdeu.³⁹

As interpretações modernas são bastante diferentes de leituras alegóricas como essas: aponta-se, por exemplo, que as referências a Salomão são bastante gerais e que a atribuição do livro ao rei é improvável, e a maior parte dos estudiosos pensa no Cântico não como um texto único, mas como uma coletânea de cantos que deveriam ser entoados em festividades nupciais – embora alguns, como Tanner, creiam que, em virtude das repetições de palavras, expressões, refrões e temas, talvez se possa postular um único autor ou editor da obra tal como chegou a nós.⁴⁰ A base de sustentação da interpretação do Cântico como uma coletânea de cantos nupciais foi a pesquisa de J.G. Wetztein, cônsul da

---

³⁷ Tanner (1997), p. 29.
³⁸ Anônimo (s/d), *ad locum*.
³⁹ Apud Tanner (1997), p. 23.
⁴⁰ Tanner (1997), p. 25.

Prússia em Damasco, na década de 1870. Nas palavras de Soggin:

> Entre outras coisas, estabeleceu que, durante os longos festivais de casamento, o casal recebia o título de rei e rainha do festival; sentavam-se a uma mesa especial que era chamada de "trono" para a ocasião, enquanto o público cantava hinos especiais, essencialmente em honra à esposa.[41]

E, ainda segundo o autor, chegamos quase à certeza acerca da identidade do rei e de Sulamita no Cântico: eles seriam o noivo e a noiva durante a festa em que eram homenageados.[42]

O TEXTO GREGO DO CÂNTICO DOS CÂNTICOS E A PRESENTE TRADUÇÃO

Jay C. Treat, estudioso que acaba de publicar uma tradução em inglês do Cântico dos cânticos para a NETS (*New English Translation of the Septuagint*), aponta que o texto grego foi produzido provavelmente entre os séculos I a.C. e I d.C[43] e é uma tradução literal, não literária, do original hebraico, sendo a mais interlinear das traduções do Antigo Testamento:[44] para cada palavra ou morfema do hebraico há um equivalente formal em

---

[41] Soggin (1976): p. 401.
[42] Ibidem.
[43] Treat (2007), p. 4.
[44] *Idem*, p. 1.

grego, sempre que possível na mesma ordem do original,[45] e o tradutor prefere traduzir as palavras independentemente de seu contexto – critério exatamente oposto, é curioso notar, ao adotado por Antonio Medina Rodrigues na tradução aqui apresentada.

A tradução de Medina[46] não é servil às palavras do original, e ora se traduz um termo de uma forma, ora de outra, conforme as necessidades rítmicas do verso. O verbo *agapan*, por exemplo, que significa *amar*, é habilmente vertido de três maneiras diferentes neste trecho (1. 3-4):

> μύρον ἐκκενωθὲν ὄνομά σου.
> διὰ τοῦτο νεάνιδες ἠγάπησάν σε,
> εἵλκυσάν σε,
> ὀπίσω σου εἰς ὀσμὴν μύρων σου
> δραμοῦμεν.
> Εἰσήνεγκέν με ὁ βασιλεὺς εἰς τὸ
> ταμίειον αὐτοῦ.

---

[45] *Idem, ibidem.*

[46] Em 1998, quando estava para ser publicada artesanalmente a primeira edição dos Cânticos dos cânticos de Salomão, na tradução de Antonio Medina Rodrigues, pela extinta Série Badaró, tive a oportunidade de me reunir com o tradutor para que discutíssemos os últimos detalhes da versão final do texto. Durante aquele encontro, pude notar a facilidade com que improvisava uma, duas, por vezes três soluções diferentes para um mesmo verso, e a maneira absolutamente natural com que dava musicalidade a sua tradução, conforme ficará claro com os exemplos citados a seguir.

Ἀγαλλιασώμεθα καὶ εὐφρανθῶμεν ἐν
σοί,
ἀγαπήσομεν μαστούς σου ὑπὲρ οἶνον
εὐθύτης ἠγάπησέν σε.

É o perfume teu de mirto,
Mirto a se exalar é teu nome,
E é por isso que as meninas te
    adoraram,

Te arrastaram,
E tal corremos nós atrás de ti,
Buscando o aroma do teu mirto.
Ao aposento seu o rei me conduziu,
E em ti nos vamos inspirar e divertir.
Teu seio mais que o vinho nós
    amamos,
Por ti se *enamorou* a perfeição.

O mesmo acontece com o verbo *poemainein*, "apascentar", em 1. 7 e 1. 8:

Ἀπάγγειλόν μοι, ὃν ἠγάπησεν ἡ ψυχή
μου,
ποῦ ποιμαίνεις, ποῦ κοιτάζεις ἐν
μεσημβρίᾳ,
μήποτε γένωμαι ὡς περιβαλλομέν

Fala-me, ó tu, a quem minha alma
    adora:

> Onde apascentas o gado, e onde ao
> meio-dia tu repousas?
> Não fique eu pervagando
> Pelos campos dos amigos teus.

E:

> ἔξελθε σὺ ἐν πτέρναις τῶν ποιμνίων
> καὶ ποίμαινε τὰς ἐρίφους σου
> ἐπὶ σκηνώμασιν τῶν ποιμένων.

> À trilha dos rebanhos vai,
> E ao pé das tendas pastorais,
> *Dá de comer* às tuas ovelhas.

Outra característica da tradução a que o leitor deve atentar é a maneira engenhosa como o tradutor mantém a sonoridade do original, e o melhor exemplo disso encontra-se em 2. 5:

> στηρίσατέ με ἐν ἀμόραις,
> στοιβάσατέ με ἐν μήλοις, ὅτι τετρω-
> μένη ἀγάπης ἐγώ.

> Com bolos de mel me recupera,
> E com maçãs me reanima.
> Que eu ferida estou dos teus encantos.

Quer se trate, então, da celebração da união de Deus e o povo de Israel, de Cristo e a Igreja, ou de camponeses palestinos a quem se concedeu serem chamados rei e rainha na celebração de suas núpcias, deixamos ao leitor o prazer de descobrir e desfrutar os demais deleites desta tradução que faz jus ao nome de Cântico dos cânticos.

BIBLIOGRAFIA

ANÔNIMO. *The aramaic* Targum *to* Song of songs (English translation by Jay .C. Treat). In: www.ccat.sas.upenn.edu/%7Ejtreat/song/targum/.

ARISTEAS. *The letter of Aristeas* (translated with an appendix of ancient evidence on the origin of the Septuagint, by H. Sr. J. Thackeray). London/New York, The MacMillan Company, 1917.

Bíblia de Jerusalém. São Paulo, Edições Paulinas, 1992.

CONYBEARE, F.C., & STOCK, St. G. *Selections from the* Septuagint. Boston/New York/Chicago/London, Ginn and Company, 1905.

FERM, V. *An encyclopedia of religion*. New York, Philosophical Library, 1945.

EUSEBIUS. *The ecclesiastical history* (with an English translation by Kirsopp Lake), v. I. Cambridge, Massachusetts/London, England, Harvard University Press, 1994.

FIELDS, W.W. "Early and Medieval Jewish Interpretation of the *Song of songs*". In: *Grace Theological Journal* 1.2, 1980, p. 221-231.

FILONE. *Vita de Mosè* (a cura di Paola Graffigna). Milano, Rusconi, 1999.

GORDIS, R. The song of songs: *A study*, Modern Translation, and Commentary. New York, Jewish Theological Seminary of America, 1954.

GRANT, F.C. *Translating the* Bible. London, Thomas Nelson & Sons, 1961.

GRUEN, E.S. "Jews and Greeks". In: *A companion to the hellenistic world* (edited by Andrew Erskine). Oxford, Blackwell, 2006.

HERKLOTS, H. G. G. *How our Bible came to us: its texts and versions*. New York, Oxford University Press, 1954.

HIERONYMVS. *Opera omnia* (accurante et denuo recognoscente J.–P. Migne). Patrologiae Latinae Tomus 23. Turnholti, Typographi Brepols Editores Pontificii, s.d.

———. *Opera omnia* (accurante et denuo recognoscente J.–P. Migne). *Patrologiae latinae*, tomus 28. Turnholti, Typographi Brepols Editores Pontificii, s.d.

KENT, C.F. The Songs, *Hymns and prayers of the* Old Testament. New York, Charles Scribner's Sons, 1914.

ROBERT, A. & FEUILLET, A. (ed). Introduction à la Bible. Tome I – Introduction générale: Ancient Testament. Tournai, Desclée & Co., 1959.

SCHWARZ, W. *Principles and problems of biblical translation – Some Reformation controversies and their background*. Cambridge, Cambridge University Press, 1970.

SOGGIN, J.A. *Introduction to the* Old Testament: *From its origins to the closing of the alexandrian canon*. Philadelphia, Westminster Press, 1976.

TREAT, J.C. "To the reader of *Song of songs*". In: A New English Translation of the Septuagint and the other greek translations traditionally, included under that title, edited by Albert Pietersma & Benjamin G. Wright. New York/Oxford, Oxford University Press, 2007 (a versão eletrônica consultada encontra-se em www.ccat.sas.upenn.edu/nets/edition/).

WASSERSTEIN, A., & WASSERSTEIN, D.J. *The legend of the* Septuagint – *from classical antiquity to today*. Cambridge, Cambridge University Press, 2006.

As obras de Agostinho foram tomadas ao excelente site Sant'Agostino – Vita, Scritti, Pensiero, Santità, Attualità (www.sant-agostino.it/).

CÂNTICO DOS CÂNTICOS

[1] Ἆισμα ἀσμάτων, ὅ ἐστιν τῷ Σαλωμων.

[2] Φιλησάτω με ἀπὸ φιλημάτων στόματος αὐτοῦ,
ὅτι ἀγαθοὶ μαστοί σου ὑπὲρ οἶνον,

[3] καὶ ὀσμὴ μύρων σου ὑπὲρ πάντα τὰ ἀρώματα,
μύρον ἐκκενωθὲν ὄνομά σου.
διὰ τοῦτο νεάνιδες ἠγάπησάν σε,

[4] εἵλκυσάν σε,
ὀπίσω σου εἰς ὀσμὴν μύρων σου δραμοῦμεν.
Εἰσήνεγκέν με ὁ βασιλεὺς εἰς τὸ ταμίειον αὐτοῦ.
Ἀγαλλιασώμεθα καὶ εὐφρανθῶμεν ἐν σοί,
ἀγαπήσομεν μαστούς σου ὑπὲρ οἶνον·
εὐθύτης ἠγάπησέν σε.

[5] Μέλαινά εἰμι καὶ καλή, θυγατέρες Ιερουσαλημ,
ὡς σκηνώματα Κηδαρ, ὡς δέρρεις Σαλωμων.

[SALOMÃO]

CANTO I

[1] O que é de Salomão, o Cântico dos cânticos.

Sulamita [2] Que me beije dos beijos de sua boca,
Filhas de Jerusalém Melhores que vinho são teus seios

[3] Melhor que aromas todos
É o perfume teu de mirto,
Mirto a se exalar é teu nome,
E é por isso que as meninas te adoraram,

[4] Te arrastaram,
E tal corremos nós atrás de ti,
Buscando o aroma do teu mirto.
Ao aposento seu o rei me conduziu,
E em ti nos vamos inspirar e divertir.
Teu seio mais que o vinho nós amamos,
Por ti se enamorou a perfeição.

Sulamita [5] Filhas de Jerusalém, negra sou eu e bela,
Como as tendas de Quedar, e como as alfaias
De rei Salomão.

[6] μὴ βλέψητέ με, ὅτι ἐγώ εἰμι
        μεμελανωμένη,
    ὅτι παρέβλεψέν με ὁ ἥλιος·
    υἱοὶ μητρός μου ἐμαχέσαντο ἐν ἐμοί,
    ἔθεντό με φυλάκισσαν ἐν ἀμπελῶσιν·
    ἀμπελῶνα ἐμὸν οὐκ ἐφύλαξα.

[7] Ἀπάγγειλόν μοι, ὃν ἠγάπησεν ἡ ψυχή
        μου,
    ποῦ ποιμαίνεις, ποῦ κοιτάζεις ἐν
        μεσημβρίᾳ,
    μήποτε γένωμαι ὡς περιβαλλομένη ἐπ'
        ἀγέλαις ἑταίρων σου.

[8] Ἐὰν μὴ γνῷς σεαυτήν, ἡ καλὴ ἐν
        γυναιξίν,
    ἔξελθε σὺ ἐν πτέρναις τῶν ποιμνίων
    καὶ ποίμαινε τὰς ἐρίφους σου
    ἐπὶ σκηνώμασιν τῶν ποιμένων.

[9] Τῇ ἵππῳ μου ἐν ἅρμασιν Φαραω
    ὡμοίωσά σε, ἡ πλησίον μου.

[10] τί ὡραιώθησαν σιαγόνες σου ὡς
        τρυγόνες,
    τράχηλός σου ὡς ὁρμίσκοι;

[SALOMÃO]

[6] Não me fiteis assim por estar eu
   Enegrecida,
   É que de frente contemplou-me o sol.
   Brigaram comigo os filhos de minha mãe.
   E as vinhas me puseram a guardar,
   E minhas vinhas não guardei.

[7] Fala-me, ó tu, a quem minha alma adora:
   Onde apascentas o gado, e onde ao meio-dia
      tu repousas?
   Não fique eu pervagando
   Pelos campos dos amigos teus.

Salomão [8] Se não te conheces a ti mesma, ó bela
   Entre as mulheres,
   À trilha dos rebanhos vai,
   E ao pé das tendas pastorais,
   Dá de comer então às tuas ovelhas.

[9] À égua minha, no carro do faraó,
   Te vejo muito parecida, amada.

[10] Por que as tuas maçãs do rosto são duas aves,
   Por que têm brilhos as contas do teu colar?

[11] ὁμοιώματα χρυσίου ποιήσομέν σοι
μετὰ στιγμάτων τοῦ ἀργυρίου.

[12] Ἕως οὗ ὁ βασιλεὺς ἐν ἀνακλίσει αὐτοῦ,
νάρδος μου ἔδωκεν ὀσμὴν αὐτοῦ.

[13] ἀπόδεσμος τῆς στακτῆς ἀδελφιδός μου
ἐμοί,
ἀνὰ μέσον τῶν μαστῶν μου
αὐλισθήσεται·

[14] βότρυς τῆς κύπρου ἀδελφιδός μου ἐμοὶ
ἐν ἀμπελῶσιν Εγγαδδι.

[15] Ἰδοὺ εἶ καλή, ἡ πλησίον μου,
ἰδοὺ εἶ καλή, ὀφθαλμοί σου περιστεραί.

[16] Ἰδοὺ εἶ καλός, ὁ ἀδελφιδός μου, καί γε
ὡραῖος·
πρὸς κλίνῃ ἡμῶν σύσκιος,

[17] δοκοὶ οἴκων ἡμῶν κέδροι,
φατνώματα ἡμῶν κυπάρισσοι.

[SALOMÃO]

F. DE JERUSALÉM [11] Nós áureos simulacros vamos como adornos
Para ti fazer com madrepérolas de prata
cravejada.

SULAMITA [12] Só quando em seu divã
Se inclina o rei
É que meu nardo lhe ofereço a que respire.

[13] Bálsamo de um frasco se escapando é
Meu amado,
E entre os seios meus
A sua morada ele vai ter.

[14] Cachos de cipro
Para mim são meu amado
Entre as parreiras de Engadi.

SALOMÃO [15] Mira, querida, como és bela,
Bela, ó minha amada, tu és,
E teus olhos são pombas.

SULAMITA [16] Olha, querido, irmão de mim, és belo
E tua sombra é teu agora,
Junto à cama, e bem na frente.

[17] De cedro são as vigas do lar nosso,
E de cipreste as coberturas.

[1] Ἐγὼ ἄνθος τοῦ πεδίου,
κρίνον τῶν κοιλάδων.

[2] Ὡς κρίνον ἐν μέσῳ ἀκανθῶν,
οὕτως ἡ πλησίον μου ἀνὰ μέσον τῶν
    θυγατέρων.

[3] Ὡς μῆλον ἐν τοῖς ξύλοις τοῦ δρυμοῦ,
οὕτως ἀδελφιδός μου ἀνὰ μέσον τῶν
    υἱῶν·
ἐν τῇ σκιᾷ αὐτοῦ ἐπεθύμησα καὶ ἐκάθισα,
καὶ καρπὸς αὐτοῦ γλυκὺς ἐν λάρυγγί
    μου.

[4] Εἰσαγάγετέ με εἰς οἶκον τοῦ οἴνου,
τάξατε ἐπ' ἐμὲ ἀγάπην.

[5] στηρίσατέ με ἐν ἀμόραις,
στοιβάσατέ με ἐν μήλοις, ὅτι τετρωμένη
    ἀγάπης ἐγώ.

[6] εὐώνυμος αὐτοῦ ὑπὸ τὴν κεφαλήν μου,
καὶ ἡ δεξιὰ αὐτοῦ περιλήμψεταί με.

[7] ὥρκισα ὑμᾶς, θυγατέρες Ιερουσαλημ,
ἐν ταῖς δυνάμεσιν καὶ ἐν ταῖς ἰσχύσεσιν
    τοῦ ἀγροῦ,
ἐὰν ἐγείρητε καὶ ἐξεγείρητε τὴν ἀγάπην,
ἕως οὗ θελήσῃ.

[SALOMÃO]

CANTO II

Sulamita [1] Flor da campina eu sou,
E o lírio destes vales.

Salomão [2] Tal como fica o lírio entre os espinhos,
Assim fica minha amada entre as amigas.

Sulamita [3] Como a maçã entre as madeiras do arvoredo
Assim, entre outros filhos, vem a ser
O meu amado.

[4] A sombra dele eu quis, nela assentei-me,
E dele o fruto na garganta me foi doce.

Para a casa do vinho ora me leva,
E me aproxima do banquete.

[5] Com bolos de mel me recupera,
E com maçãs me reanima
Que eu ferida estou dos teus encantos.

[6] Sobre a cabeça a mão esquerda,
E a mão direita me circunde.

[7] Ó filhas de Jerusalém, conjuro-vos:
Em forças e talentos desse campo
O amor não esperteis nem desperteis
Senão quando ele queira.

[8] Φωνὴ ἀδελφιδοῦ μου·
ἰδοὺ οὗτος ἥκει πηδῶν ἐπὶ τὰ ὄρη
διαλλόμενος ἐπὶ τοὺς βουνούς.

[9] ὅμοιός ἐστιν ἀδελφιδός μου τῇ δορκάδι
ἢ νεβρῷ ἐλάφων ἐπὶ τὰ ὄρη Βαιθηλ.
ἰδοὺ οὗτος ἕστηκεν ὀπίσω τοῦ τοίχου
 ἡμῶν
παρακύπτων διὰ τῶν θυρίδων
ἐκκύπτων διὰ τῶν δικτύων.

[10] ἀποκρίνεται ἀδελφιδός μου καὶ λέγει μοι
Ἀνάστα ἐλθέ, ἡ πλησίον μου, καλή μου,
 περιστερά μου,

[11] ὅτι ἰδοὺ ὁ χειμὼν παρῆλθεν,
ὁ ὑετὸς ἀπῆλθεν, ἐπορεύθη ἑαυτῷ,

[12] τὰ ἄνθη ὤφθη ἐν τῇ γῇ,
καιρὸς τῆς τομῆς ἔφθακεν,
φωνὴ τοῦ τρυγόνος ἠκούσθη ἐν τῇ γῇ
 ἡμῶν,

[13] ἡ συκῆ ἐξήνεγκεν ὀλύνθους αὐτῆς,
αἱ ἄμπελοι κυπρίζουσιν, ἔδωκαν ὀσμήν.
ἀνάστα ἐλθέ, ἡ πλησίον μου, καλή μου,
 περιστερά μου,

[SALOMÃO]

[8] A voz do meu amado!
Olha, dos plainos para os montes ele vem,
E vem saltando os precipícios.

[9] Ao corço é parecido o meu âmago,
Ao filho da gazela aos cumes de Baithel
Correndo: olha, ele estacou por trás do muro
    nosso,
Bate já nas portinholas,
Já remexe as persianas.

[10] E me responde assim o meu amado:
"Vai, levanta-te, ó íntima de mim, formosa
Minha e minha pomba.

[11] Repara: foi-se embora o inverno,
A águia também se foi,
Para seu lar seu já retornou,

[12] E à terra afloram flores,
Eis que é hora da colheita
E em terra nossa enfim se ouviu a pássara,

[13] Seus frutos já figueira mostra verdes,
E vão as vinhas entre aromas florescendo,
E, ó íntima de mim, vai, te levanta,
Pomba minha, e minha amada.

[14] καὶ ἐλθὲ σύ, περιστερά μου ἐν σκέπῃ τῆς
  πέτρας
ἐχόμενα τοῦ προτειχίσματος,
δεῖξόν μοι τὴν ὄψιν σου
καὶ ἀκούτισόν με τὴν φωνήν σου,
ὅτι ἡ φωνή σου ἡδεῖα, καὶ ἡ ὄψις σου
  ὡραία.

[15] Πιάσατε ἡμῖν ἀλώπεκας
μικροὺς ἀφανίζοντας ἀμπελῶνας,
καὶ αἱ ἄμπελοι ἡμῶν κυπρίζουσιν.

[16] Ἀδελφιδός μου ἐμοί, κἀγὼ αὐτῷ,
ὁ ποιμαίνων ἐν τοῖς κρίνοις,

[17] ἕως οὗ διαπνεύσῃ ἡ ἡμέρα καὶ κινηθῶσιν
  αἱ σκιαί.
ἀπόστρεψον ὁμοιώθητι σύ, ἀδελφιδέ μου,
τῷ δόρκωνι ἢ νεβρῷ ἐλάφων
ἐπὶ ὄρη κοιλωμάτων.

[SALOMÃO]

[14] Vem, pomba minha
Sob a proteção das pedras,
Vem na muralha assegurando-te.
Mostra-me a mim a tua figura,
Para que eu te escute a voz,
Por ser ela tão suave, e luminosa a tua visão,
Mais do que o meio-dia.

[15] Expulsa as raposinhas que roubando estão
As vides nossas, nossas vinhas vão
    reflorescer".

[16] É para mim o amado meu, e eu para ele
    venho a ser
Aquele que de lírios se apascenta.

[17] Enquanto não soprar o dia,
E não se forem todas sombras,
Cervo ou corça não imitarás
Pelas montanhas traiçoeiras.

[1] Ἐπὶ κοίτην μου ἐν νυξὶν
ἐζήτησα ὃν ἠγάπησεν ἡ ψυχή μου,
ἐζήτησα αὐτὸν καὶ οὐχ εὗρον αὐτόν,
ἐκάλεσα αὐτόν, καὶ οὐχ ὑπήκουσέν μου.

[2] ἀναστήσομαι δὴ καὶ κυκλώσω ἐν τῇ
  πόλει
ἐν ταῖς ἀγοραῖς καὶ ἐν ταῖς πλατείαις
καὶ ζητήσω ὃν ἠγάπησεν ἡ ψυχή μου·
ἐζήτησα αὐτὸν καὶ οὐχ εὗρον αὐτόν.

[3] εὕροσάν με οἱ τηροῦντες οἱ κυκλοῦντες ἐν
  τῇ πόλει
Μὴ ὃν ἠγάπησεν ἡ ψυχή μου εἴδετε;

[4] ὡς μικρὸν ὅτε παρῆλθον ἀπ' αὐτῶν,
ἕως οὗ εὗρον ὃν ἠγάπησεν ἡ ψυχή μου·
ἐκράτησα αὐτὸν καὶ οὐκ ἀφήσω αὐτόν,
ἕως οὗ εἰσήγαγον αὐτὸν εἰς οἶκον μητρός
  μου
καὶ εἰς ταμίειον τῆς συλλαβούσης με.

[5] ὥρκισα ὑμᾶς, θυγατέρες Ιερουσαλημ,
ἐν ταῖς δυνάμεσιν καὶ ἐν ταῖς ἰσχύσεσιν
  τοῦ ἀγροῦ,
ἐὰν ἐγείρητε καὶ ἐξεγείρητε τὴν ἀγάπην,
ἕως ἂν θελήσῃ.

[SALOMÃO]

CANTO III

SULAMITA [1] À noite, em minha cama,
Aquele que minha alma adora eu procurei,
Sem tê-lo achado o procurei,
Não me escutou, que assim chamava.

[2] Pois levantar-me vou, e fazer ronda na cidade,
Em todas praças e planícies,
Buscar aquele vou por quem se apaixonou
Minha alma.
E a mim não me escutou que o procurava.

[3] Acharam-me os guardas que circulam
Na cidade. Não vistes quem minha alma adora?

[4] E quando eu deles me afastava,
Súbito achei aquele que minha alma adora
Dele tomo eu conta, não o largarei,
Até que ao lar de minha mãe o traga,
E no quarto onde ela me aleitou.

[5] Eu vos conjuro, filhas de Jerusalém,
Do campo em forças e potências
Não desperteis nem esperteis o amor,
Senão quando ele queira.

[6] Τίς αὕτη ἡ ἀναβαίνουσα ἀπὸ τῆς ἐρήμου
ὡς στελέχη καπνοῦ τεθυμιαμένη
σμύρναν καὶ λίβανον ἀπὸ πάντων
   κονιορτῶν μυρεψοῦ;

[7] ἰδοὺ ἡ κλίνη τοῦ Σαλωμων,
ἑξήκοντα δυνατοὶ κύκλῳ αὐτῆς
ἀπὸ δυνατῶν Ισραηλ,

[8] πάντες κατέχοντες ῥομφαίαν
δεδιδαγμένοι πόλεμον,
ἀνὴρ ῥομφαία αὐτοῦ ἐπὶ μηρὸν αὐτοῦ
ἀπὸ θάμβους ἐν νυξίν.

[9] φορεῖον ἐποίησεν ἑαυτῷ ὁ βασιλεὺς
   Σαλωμων
ἀπὸ ξύλων τοῦ Λιβάνου,

[10] στύλους αὐτοῦ ἐποίησεν ἀργύριον
καὶ ἀνάκλιτον αὐτοῦ χρύσεον,
ἐπίβασις αὐτοῦ πορφυρᾶ,
ἐντὸς αὐτοῦ λιθόστρωτον,
ἀγάπην ἀπὸ θυγατέρων Ιερουσαλημ.

[11] ἐξέλθατε καὶ ἴδετε
ἐν τῷ βασιλεῖ Σαλωμων
ἐν τῷ στεφάνῳ, ᾧ ἐστεφάνωσεν αὐτὸν ἡ
   μήτηρ αὐτοῦ
ἐν ἡμέρᾳ νυμφεύσεως αὐτοῦ
καὶ ἐν ἡμέρᾳ εὐφροσύνης καρδίας αὐτοῦ.

[SALOMÃO]

F. DE JERUSALÉM [6] Qual é a que está se erguendo agora do deserto,
Qual coluna perfumada de fumaça,
Em tudo a recender esmirna e Líbano?

OFICIAL DE SALOMÃO [7] É a tenda – repara – do rei Salomão,
Varões – sessenta – em derredor guarnecem-na,
Entre os mais fortes de Israel.

[8] Todos armados com sua espada,
Exímios são demais numa batalha,
E as armas, postas na cintura,
Até o terror da noite espantam.

[9] Um trono para si fez Salomão
Do Líbano empregou madeiras,

[10] E de prata fez colunas,
Seu encosto de ouro fez,
O assento foi de clara púrpura,
E com ébano por dentro o reforçou,
Dom foi este das filhas de Jerusalém.

[11] Ide, ó filhas de Sião, e ao próprio
Salomão, que vai reinar, mirai-o,
Quem o coroa é sua mãe
No dia do seu casamento,
Quando em fim
É mais feliz seu coração.

[1] Ἰδοὺ εἶ καλή, ἡ πλησίον μου, ἰδοὺ εἶ
καλή.
ὀφθαλμοί σου περιστεραὶ
ἐκτὸς τῆς σιωπήσεώς σου.
τρίχωμά σου ὡς ἀγέλαι τῶν αἰγῶν,
αἳ ἀπεκαλύφθησαν ἀπὸ τοῦ Γαλααδ.

[2] ὀδόντες σου ὡς ἀγέλαι τῶν κεκαρμένων,
αἳ ἀνέβησαν ἀπὸ τοῦ λουτροῦ,
αἱ πᾶσαι διδυμεύουσαι,
καὶ ἀτεκνοῦσα οὐκ ἔστιν ἐν αὐταῖς.

[3] ὡς σπαρτίον τὸ κόκκινον χείλη σου,
καὶ ἡ λαλιά σου ὡραία.
ὡς λέπυρον τῆς ῥόας μῆλόν σου
ἐκτὸς τῆς σιωπήσεώς σου.

[4] ὡς πύργος Δαυιδ τράχηλός σου
ὁ ᾠκοδομημένος εἰς θαλπιωθ·
χίλιοι θυρεοὶ κρέμανται ἐπ' αὐτόν,
πᾶσαι βολίδες τῶν δυνατῶν.

[5] δύο μαστοί σου ὡς δύο νεβροὶ δίδυμοι
δορκάδος
οἱ νεμόμενοι ἐν κρίνοις.

[SALOMÃO]

CANTO IV

Salomão [1] Olha que és bela, ó íntima de mim,
Noiva, de fato és bela.
Pombas os olhos teus
Saltam do véu da face,
E teus cabelos são de ovelhas o armento
Mais e mais de Galaad voltando.

[2] E teus dentes são ovelhas de um rebanho,
Gêmeas, tosquiadas, já voltando da lavagem,
Sem que lhes falte a qualquer uma a cria.

[3] É como o esparto esse rubor dos lábios,
E é da hora a tua voz,
A pele da romã, dela afastando-se,
É tal como o teu fruto já sem véus.

[4] É tua garganta como a torre de Davi,
Para a defesa alevantada,
Mil escudos dela pendem,
São de bravos os bólidos potentes.

[5] Os teus seios gêmeos ambos
Da gazela, de lírios é que se alimentam.

[6] ἕως οὗ διαπνεύσῃ ἡ ἡμέρα καὶ κινηθῶσιν
αἱ σκιαί,
πορεύσομαι ἐμαυτῷ πρὸς τὸ ὄρος τῆς
σμύρνης
καὶ πρὸς τὸν βουνὸν τοῦ Λιβάνου.

[7] ὅλη καλὴ εἶ, ἡ πλησίον μου, καὶ μῶμος
οὐκ ἔστιν ἐν σοί.

[8] Δεῦρο ἀπὸ Λιβάνου, νύμφη, δεῦρο ἀπὸ
Λιβάνου·
ἐλεύσῃ καὶ διελεύσῃ ἀπὸ ἀρχῆς πίστεως,
ἀπὸ κεφαλῆς Σανιρ καὶ Ερμων,
ἀπὸ μανδρῶν λεόντων, ἀπὸ ὀρέων
παρδάλεων.

[9] Ἐκαρδίωσας ἡμᾶς, ἀδελφή μου νύμφη,
ἐκαρδίωσας ἡμᾶς ἑνὶ ἀπὸ ὀφθαλμῶν
σου,
ἐν μιᾷ ἐνθέματι τραχήλων σου.

[10] τί ἐκαλλιώθησαν μαστοί σου, ἀδελφή
μου νύμφη,
τί ἐκαλλιώθησαν μαστοί σου ἀπὸ οἴνου;
καὶ ὀσμὴ ἱματίων σου ὑπὲρ πάντα τὰ
ἀρώματα.

[SALOMÃO]

[6] Enquanto não respire o dia,
   E as sombras não desapareçam
   Passear vou eu ante a montanha
   Das esmirnas e bem na frente do monte
   Do Líbano.

[7] Inteira és bela, ó íntima de mim,
   E em ti nenhum defeito se percebe.

[8] Do Líbano vem até aqui, noiva,
   Do Líbano ó vem,
   Que aqui é o princípio da fé que verás e
       reverás,
   Desde os cabeços de Hermon e Sanir,
   Desde os valhacoutos de leões,
   Desde as montanhas de panteras.

[9] De nós o coração roubaste, com apenas,
   Noiva irmã, curto mexer de tuas
   Pupilas, e uma conta apenas de teu colo.

[10] Como me encantaram, noiva irmã,
   Teus seios, e como, por via do vinho
   Inda se encantam, e em tuas vestes
   O aroma é mais que todo aroma?

[11] κηρίον ἀποστάζουσιν χείλη σου, νύμφη,
μέλι καὶ γάλα ὑπὸ τὴν γλῶσσάν σου,
καὶ ὀσμὴ ἱματίων σου ὡς ὀσμὴ Λιβάνου.

[12] Κῆπος κεκλεισμένος ἀδελφή μου νύμφη,
κῆπος κεκλεισμένος, πηγὴ
   ἐσφραγισμένη·

[13] ἀποστολαί σου παράδεισος ῥοῶν μετὰ
   καρποῦ ἀκροδρύων,
κύπροι μετὰ νάρδων,

[14] νάρδος καὶ κρόκος,
κάλαμος καὶ κιννάμωμον
μετὰ πάντων ξύλων τοῦ Λιβάνου,
σμύρνα αλωθ μετὰ πάντων πρώτων
   μύρων,

[15] πηγὴ κήπων, φρέαρ ὕδατος ζῶντος
καὶ ῥοιζοῦντος ἀπὸ τοῦ Λιβάνου.

[16] Ἐξεγέρθητι, βορρᾶ, καὶ ἔρχου, νότε,
διάπνευσον κῆπόν μου, καὶ ῥευσάτωσαν
   ἀρώματά μου·
καταβήτω ἀδελφιδός μου εἰς κῆπον
   αὐτοῦ
καὶ φαγέτω καρπὸν ἀκροδρύων αὐτοῦ.

[SALOMÃO]

[11] De favo se filtram os teus lábios, noiva,
Com leite e mel que ainda há sob a tua
       língua,
E do Líbano vem o aroma de tuas vestes.

[12] Jardim vedado minha irmã é,
Vedado horto e corrente sigilosa.

[13] São sinais teus de romãs um paraíso
A extrapolarem-se das copas.

[14] E nardo e açafrão, mais cinamomo
E cálamo, e, Líbano além, mil arbustos
Que vêm dos miros primaciais,

[15] Fonte é dos hortos, mais poço é de água viva
Desde o Líbano a rumorejar.

SULAMITA [16] Bóreas, oh te levanta, e ó Noto, ora começa,
Soprai então meu horto,
E meus aromas espalhai
Pois desça então ao horto seu o meu amado,
E que enfim coma de sua fruta mais
       carnuda.

[1] Εἰσῆλθον εἰς κῆπόν μου, ἀδελφή μου
νύμφη,
ἐτρύγησα σμύρναν μου μετὰ ἀρωμάτων
μου,
ἔφαγον ἄρτον μου μετὰ μέλιτός μου,
ἔπιον οἶνόν μου μετὰ γάλακτός μου·
φάγετε, πλησίοι, καὶ πίετε καὶ
μεθύσθητε, ἀδελφοί,

[2] Ἐγὼ καθεύδω, καὶ ἡ καρδία μου
ἀγρυπνεῖ.
φωνὴ ἀδελφιδοῦ μου, κρούει ἐπὶ τὴν
θύραν
Ἄνοιξόν μοι, ἀδελφή μου, ἡ πλησίον μου,
περιστερά μου, τελεία μου,
ὅτι ἡ κεφαλή μου ἐπλήσθη δρόσου
καὶ οἱ βόστρυχοί μου ψεκάδων νυκτός.

[3] Ἐξεδυσάμην τὸν χιτῶνά μου, πῶς
ἐνδύσωμαι αὐτόν;
ἐνιψάμην τοὺς πόδας μου, πῶς μολυνῶ
αὐτούς;

[4] ἀδελφιδός μου ἀπέστειλεν χεῖρα αὐτοῦ
ἀπὸ τῆς ὀπῆς,
καὶ ἡ κοιλία μου ἐθροήθη ἐπ' αὐτόν.

[SALOMÃO]

CANTO V

SALOMÃO [1] No horto meu eu penetrei, ó prometida
irmã,
A minha esmirna recolhi,
Depois, entre os aromas meus, do mel
provei,
depois do vinho, e do meu
Leite então bebi, ora comei,
Ó próximos, e então, irmãos, bebei.

SULAMITA [2] Durmo, e o coração meu faz vigília.
A voz do meu amado! Ei-lo, que à porta
bateu
"Abre, querida, ó íntima de mim,
Ó pomba amiga, sem falha qualquer,
querida,
Está encharcada a minha nuca pelo orvalho,
E do pingar noturno os meus cabelos.

[3] Desvesti minha túnica,
Irei, pois, eu repô-la, porém como?
Meus pés já lavei, manchá-los vou, porém
como?"

[4] A sua mão pela fresta
O amado meu intrometeu,
E ventre meu então na hora por ele clamou.

[5] ἀνέστην ἐγὼ ἀνοῖξαι τῷ ἀδελφιδῷ μου,
χεῖρές μου ἔσταξαν σμύρναν,
δάκτυλοί μου σμύρναν πλήρη
ἐπὶ χεῖρας τοῦ κλείθρου.

[6] ἤνοιξα ἐγὼ τῷ ἀδελφιδῷ μου,
ἀδελφιδός μου παρῆλθεν·
ψυχή μου ἐξῆλθεν ἐν λόγῳ αὐτοῦ,
ἐζήτησα αὐτὸν καὶ οὐχ εὗρον αὐτόν,
ἐκάλεσα αὐτόν, καὶ οὐχ ὑπήκουσέν μου.

[7] εὕροσάν με οἱ φύλακες οἱ κυκλοῦντες ἐν
τῇ πόλει,
ἐπάταξάν με, ἐτραυμάτισάν με,
ἦραν τὸ θέριστρόν μου ἀπ' ἐμοῦ φύλακες
τῶν τειχέων.

[8] ὥρκισα ὑμᾶς, θυγατέρες Ιερουσαλημ,
ἐν ταῖς δυνάμεσιν καὶ ἐν ταῖς ἰσχύσεσιν
τοῦ ἀγροῦ,
ἐὰν εὕρητε τὸν ἀδελφιδόν μου, τί
ἀπαγγείλητε αὐτῷ;
ὅτι τετρωμένη ἀγάπης εἰμὶ ἐγώ.

[9] Τί ἀδελφιδός σου ἀπὸ ἀδελφιδοῦ, ἡ καλὴ
ἐν γυναιξίν,
τί ἀδελφιδός σου ἀπὸ ἀδελφιδοῦ, ὅτι
οὕτως ὥρκισας ἡμᾶς;

[SALOMÃO]

[5] Para abrir ao namorado meu
Levantei-me, esmirna minhas mãos,
Destilavam,
Quando os anéis do cadeado
Apalparam meus dedos.

[6] Abri a porta para o amado,
E meu amado apareceu,
E para a voz dele correu minha alma,
E o procurei, sem tê-lo achado,
Quis chamá-lo, não me ouviu que o
    procurava.

[7] Os guardas da muralha, dando a ronda
Na cidade, acharam-me, e me espancaram,
    feriram,
Minha roupa arrebataram.

[8] Filhas de Jerusalém, conjuro-vos,
Nas forças e poderes do campo,
Se meu amado achardes, o que lhe direis?
Que deste amor ando eu muito ferida.

F. DE JERUSALÉM [9] O que há no teu amado mais que noutro
Amado, entre as mulheres ó mais bela,
O que há no teu amado mais que noutro
Amado, para assim de ti nos afastares?

[10] Ἀδελφιδός μου λευκὸς καὶ πυρρός,
 ἐκλελοχισμένος ἀπὸ μυριάδων·

[11] κεφαλὴ αὐτοῦ χρυσίον καὶ φαζ,
 βόστρυχοι αὐτοῦ ἐλάται, μέλανες ὡς
 κόραξ,

[12] ὀφθαλμοὶ αὐτοῦ ὡς περιστεραὶ ἐπὶ
 πληρώματα ὑδάτων
 λελουσμέναι ἐν γάλακτι
 καθήμεναι ἐπὶ πληρώματα ὑδάτων,

[13] σιαγόνες αὐτοῦ ὡς φιάλαι τοῦ ἀρώματος
 φύουσαι μυρεψικά,
 χείλη αὐτοῦ κρίνα στάζοντα σμύρναν
 πλήρη,

[14] χεῖρες αὐτοῦ τορευταὶ χρυσαῖ
 πεπληρωμέναι θαρσις,
 κοιλία αὐτοῦ πυξίον ἐλεφάντινον ἐπὶ
 λίθου σαπφείρου,

[15] κνῆμαι αὐτοῦ στῦλοι μαρμάρινοι
 τεθεμελιωμένοι ἐπὶ βάσεις χρυσᾶς,
 εἶδος αὐτοῦ ὡς Λίβανος, ἐκλεκτὸς ὡς
 κέδροι,

[16] φάρυγξ αὐτοῦ γλυκασμοὶ καὶ ὅλος
 ἐπιθυμία·
 οὗτος ἀδελφιδός μου,
 καὶ οὗτος πλησίον μου, θυγατέρες
 Ιερουσαλημ.

[SALOMÃO]

SULAMITA [10] Alvo é ele, é róseo no semblante,
E, mais do que dez mil, é apaixonado.

[11] Bela e dourada é sua fronte,
Ele palmas em cacho há nos cabelos,
Negros se mostram como o corvo.

[12] Pombas os teus olhos são
Por sobre caudalosas águas a mexer-se,
Banhadas são de leite,
E na aluvião das águas logo pousam.

[13] São suas faces taças de ungüento aromáticas,
E esmirna muita a repingar, são seus lábios
uns lírios.

[14] Suas mãos de ofício plenas são douradas,
Ebúrnea placa há no seu ventre sob pedra
de safira,

[15] Dois marmóreos pilares em suas coxas,
Passadas de ouro têm bem ritmadas,
E como o cedro seleto, é como o Líbano sua
forma,

[16] Sua garganta doçuras, tudo nela é querer,
É esse o meu querido, e nele está o íntimo
De mim, ó filhas de Jerusalém.

[1] Ποῦ ἀπῆλθεν ὁ ἀδελφιδός σου, ἡ καλὴ ἐν
      γυναιξίν;
ποῦ ἀπέβλεψεν ὁ ἀδελφιδός σου;
καὶ ζητήσομεν αὐτὸν μετὰ σοῦ.

[2] Ἀδελφιδός μου κατέβη εἰς κῆπον αὐτοῦ
εἰς φιάλας τοῦ ἀρώματος
ποιμαίνειν ἐν κήποις καὶ συλλέγειν
      κρίνα·

[3] ἐγὼ τῷ ἀδελφιδῷ μου, καὶ ἀδελφιδός
      μου ἐμοὶ
ὁ ποιμαίνων ἐν τοῖς κρίνοις.

[4] Καλὴ εἶ, ἡ πλησίον μου, ὡς εὐδοκία,
ὡραία ὡς Ιερουσαλημ,
θάμβος ὡς τεταγμέναι.

[5] ἀπόστρεψον ὀφθαλμούς σου ἀπεναντίον
      μου,
ὅτι αὐτοὶ ἀνεπτέρωσάν με.
τρίχωμά σου ὡς ἀγέλαι τῶν αἰγῶν,
αἳ ἀνεφάνησαν ἀπὸ τοῦ Γαλααδ.

[6] ὀδόντες σου ὡς ἀγέλαι τῶν κεκαρμένων,
αἳ ἀνέβησαν ἀπὸ τοῦ λουτροῦ,
αἱ πᾶσαι διδυμεύουσαι,
καὶ ἀτεκνοῦσα οὐκ ἔστιν ἐν αὐταῖς.

[SALOMÃO]

CANTO VI

F. DE JERUSALÉM [1] Aonde o teu namorado foi, ó bela das
           mulheres?
   Para onde olhou teu namorado?
   A procurá-lo contigo iremos.

SULAMITA [2] A seu jardim desceu o meu amado,
   Para os cântaros de aroma,
   Nos bosques apascentar, e colher lírios.

[3] Ele, para mim, mas eu também sou
   Para ele aquele que entre os lírios pastoreia.

SALOMÃO [4] És bela, ó íntima de mim,
   Tal como a crença,
   E viva és qual Jerusalém,
   Que dá temor só de ser vista.

[5] Desvia de mim os teus olhares,
   Que, como asas, me alevantam,
   Teu cabelo é grei de ovelhas,
   Aumentando seu tamanho, desde Galaad.

[6] São teus dentes alvos como ovelhas
   Tosquiadas, do banho quando retornam,
   Gêmeas todas elas,
   E nenhuma é sem sua cria.

[7] ὡς σπαρτίον τὸ κόκκινον χείλη σου,
καὶ ἡ λαλιά σου ὡραία.
ὡς λέπυρον τῆς ῥόας μῆλόν σου
ἐκτὸς τῆς σιωπήσεώς σου.

[8] Ἑξήκοντά εἰσιν βασίλισσαι, καὶ
 ὀγδοήκοντα παλλακαί,
καὶ νεάνιδες ὧν οὐκ ἔστιν ἀριθμός.

[9] μία ἐστὶν περιστερά μου, τελεία μου,
μία ἐστὶν τῇ μητρὶ αὐτῆς,
ἐκλεκτή ἐστιν τῇ τεκούσῃ αὐτῆς.
εἴδοσαν αὐτὴν θυγατέρες καὶ
 μακαριοῦσιν αὐτήν,
βασίλισσαι καὶ παλλακαὶ καὶ αἰνέσουσιν
 αὐτήν.

[10] Τίς αὕτη ἡ ἐκκύπτουσα ὡσεὶ ὄρθρος,
καλὴ ὡς σελήνη, ἐκλεκτὴ ὡς ὁ ἥλιος,
θάμβος ὡς τεταγμέναι;

[11] Εἰς κῆπον καρύας κατέβην ἰδεῖν ἐν
 γενήμασιν τοῦ χειμάρρου,
ἰδεῖν εἰ ἤνθησεν ἡ ἄμπελος,
ἐξήνθησαν αἱ ῥόαι·
ἐκεῖ δώσω τοὺς μαστούς μου σοί.

[SALOMÃO]

[7] É como o esparto o rubro
  Nos teus lábios,
  E no átimo está sempre a tua fala,
  E, tal como a romã, quando da casca se
      desvela,
  Assim revela-se teu fruto no cair das vestes.

[8] Há sessenta imperatrizes, e ainda mais
  Oitenta concubinas,
  E há meninas que não há como contar.

[9] Uma é a pomba minha, e minha eleita,
  E que para sua mãe é única,
  Pois escolhida foi por quem lhe deu
  A luz, e filhas outras, quando nela viram,
   Viram nela a bem-aventurada.
  Concubinas e rainhas lhe decantam a beleza.

[10] Essa qual é, que assim se arqueia como a
      aurora,
  Linda é como a lua, e como o sol dileta,
  Um susto só de aparecer?

SULAMITA [11] Para mirar as florescências deste vale,
   Ao bosque das nogueiras eu desci,
  A ver se a vinha florescia,
  Ou floresciam as romanzeiras.
  Lá meus seios eu te ofertarei.

[12] οὐκ ἔγνω ἡ ψυχή μου· ἔθετό με ἅρματα Αμιναδαβ.

[SALOMÃO]

[12] Não soube a alma,
    No carro, porém, de Aminadá me achei.

[1] Ἐπίστρεφε ἐπίστρεφε, ἡ Σουλαμῖτις,
ἐπίστρεφε ἐπίστρεφε, καὶ ὀψόμεθα ἐν
    σοί.
Τί ὄψεσθε ἐν τῇ Σουλαμίτιδι;
ἡ ἐρχομένη ὡς χοροὶ τῶν παρεμβολῶν.

[2] Τί ὡραιώθησαν διαβήματά σου ἐν
    ὑποδήμασιν,
θύγατερ Ναδαβ;
ῥυθμοὶ μηρῶν σου ὅμοιοι ὁρμίσκοις
ἔργῳ χειρῶν τεχνίτου·

[3] ὀμφαλός σου κρατὴρ τορευτὸς
μὴ ὑστερούμενος κρᾶμα·
κοιλία σου θιμωνιὰ σίτου πεφραγμένη ἐν
    κρίνοις·

[4] δύο μαστοί σου ὡς δύο νεβροὶ δίδυμοι
    δορκάδος·

[5] τράχηλός σου ὡς πύργος ἐλεφάντινος·
ὀφθαλμοί σου ὡς λίμναι ἐν Εσεβων
ἐν πύλαις θυγατρὸς πολλῶν·
μυκτήρ σου ὡς πύργος τοῦ Λιβάνου
σκοπεύων πρόσωπον Δαμασκοῦ·

[SALOMÃO]

CANTO VII

F. DE JERUSALÉM [1] Volta, volta, Sulamita.
Sulamita, volta, volta,
A fim possamos contemplar-te.

[2] Por que olhareis a Sulamita, ela que aqui veio
Qual coros de guerreiros?
E por que luzem teus passos de sandália,
Ó filha de Nadá?
No ritmo de tuas pernas há cintilações,
Obra da mão de artista.

[3] Teu umbigo é taça arredondada
A fim que não se lhe escape nada.
Monte de trigo vem a ser teu ventre
Circundado pelos lírios.

[4] Teus dois seios como gêmeos filhos
De gazela,

[5] E como torre teu colo de marfim,
Como lagos de Hesebom teus olhos,
Nos portais da filha de não poucos.
E como a torre do Líbano,
A Damasco aponta o teu nariz.

[6] κεφαλή σου ἐπὶ σὲ ὡς Κάρμηλος,
καὶ πλόκιον κεφαλῆς σου ὡς πορφύρα,
βασιλεὺς δεδεμένος ἐν παραδρομαῖς.

[7] Τί ὡραιώθης καὶ τί ἡδύνθης,
ἀγάπη, ἐν τρυφαῖς σου;

[8] τοῦτο μέγεθός σου ὡμοιώθη τῷ φοίνικι
καὶ οἱ μαστοί σου τοῖς βότρυσιν.

[9] εἶπα Ἀναβήσομαι ἐν τῷ φοίνικι,
κρατήσω τῶν ὕψεων αὐτοῦ,
καὶ ἔσονται δὴ μαστοί σου ὡς βότρυες
    τῆς ἀμπέλου
καὶ ὀσμὴ ῥινός σου ὡς μῆλα

[10] καὶ λάρυγξ σου ὡς οἶνος ὁ ἀγαθὸς
πορευόμενος τῷ ἀδελφιδῷ μου εἰς
    εὐθύθητα
ἱκανούμενος χείλεσίν μου καὶ ὀδοῦσιν.

[11] Ἐγὼ τῷ ἀδελφιδῷ μου,
καὶ ἐπ' ἐμὲ ἡ ἐπιστροφὴ αὐτοῦ.

[12] ἐλθέ, ἀδελφιδέ μου, ἐξέλθωμεν εἰς ἀγρόν,
αὐλισθῶμεν ἐν κώμαις·

[SALOMÃO]

[6] Pende sobre ti como o Carmelo a tua
Cabeça, e na cabeça é pórfiro
 Tua trança,
Em cujos fios, por fim, prendeu-se um rei.

SALOMÃO [7] Como resplandeces e me aprazes?

[8] Lembra teu porte o da palmeira,
Cujos racimos os teus seios são.

[9] "Pois subirei" – disse eu – "nessa palmeira"
Vou tuas alturas possuir,
E como os cachos da parreira,
 Sejam teus seios para mim,
E o cheiro seja de tua fronte
 Como o aroma das maçãs.

SULAMITA [10] E tua garganta, como o vinho bom
A se escorrer de meu amado,
É para o bem dos dentes meus, e meus
 lábios.

[11] Eu para o amado sou
O seu cuidar e ele a mim é o cuidar meu.

[12] Vem, meu amado, ao campo iremos
Pôr o nosso lar,

[13] ὀρθρίσωμεν εἰς ἀμπελῶνας,
ἴδωμεν εἰ ἤνθησεν ἡ ἄμπελος,
ἤνθησεν ὁ κυπρισμός, ἤνθησαν αἱ ῥόαι·
ἐκεῖ δώσω τοὺς μαστούς μου σοί.

[14] οἱ μανδραγόραι ἔδωκαν ὀσμήν,
καὶ ἐπὶ θύραις ἡμῶν πάντα ἀκρόδρυα,
νέα πρὸς παλαιά, ἀδελφιδέ μου, ἐτήρησά
   σοι.

[SALOMÃO]

[13] E a aurora receber entre os vinhedos.
E se a parreira há florescido hemos de ver,
E veremos se hão brotado as romãs e os
    açafrões,
É lá que os seios meus te ofertarei.

Salomão [14] Seu perfume exalam as mandrágoras,
E onde por cima das portas nossas
Árvores novas e velhas se entrelaçam,
Aí te possuirei, amada minha.

[1] Τίς δῴη σε ἀδελφιδόν μου θηλάζοντα
    μαστοὺς μητρός μου;
    εὑροῦσά σε ἔξω φιλήσω σε, καί γε οὐκ
    ἐξουδενώσουσίν μοι.

[2] παραλήμψομαί σε, εἰσάξω σε εἰς οἶκον
    μητρός μου
    καὶ εἰς ταμίειον τῆς συλλαβούσης με·
    ποτιῶ σε ἀπὸ οἴνου τοῦ μυρεψικοῦ,
    ἀπὸ νάματος ῥοῶν μου.

[3] Εὐώνυμος αὐτοῦ ὑπὸ τὴν κεφαλήν μου,
    καὶ ἡ δεξιὰ αὐτοῦ περιλήμψεταί με.

[4] ὤρκισα ὑμᾶς, θυγατέρες Ιερουσαλημ,
    ἐν ταῖς δυνάμεσιν καὶ ἐν ταῖς ἰσχύσεσιν
    τοῦ ἀγροῦ,
    τί ἐγείρητε καὶ τί ἐξεγείρητε τὴν ἀγάπην,
    ἕως ἂν θελήσῃ.

[5] Τίς αὕτη ἡ ἀναβαίνουσα
    λελευκανθισμένη
    ἐπιστηριζομένη ἐπὶ τὸν ἀδελφιδὸν αὐτῆς;
    Ὑπὸ μῆλον ἐξήγειρά σε·
    ἐκεῖ ὠδίνησέν σε ἡ μήτηρ σου,
    ἐκεῖ ὠδίνησέν σε ἡ τεκοῦσά σου.

[SALOMÃO]

CANTO VIII

Salomão [1] Quem dera fosses meu irmão
Os seios de minha mãe provando.
Lá fora, se eu te vir, te darei um beijo,
E não me desprezarão.

[2] Vou-te pegar, ao lar de minha mãe
Te levarei e no quarto em que o leite
Me deu, eu te refrescarei
Do jardim que tenho de romãs.

[3] Sua mão direita sobre a minha nuca,
E sua esquerda irá enlaçar-me.

Sulamita [4] Filhas de Jerusalém, conjuro-vos:
Em forças e talentos desse campo
O amor não esperteis nem desperteis
Senão quando ele queira.

[5] Quem é essa que ascendida
Em sua brancura
Em seu amado se recosta?
Salomão Debaixo da macieira te acordarei,
Foi lá que te sofreu tua mãe,
A que te deu a luz foi lá que ela sofreu.

[6] Θές με ὡς σφραγῖδα ἐπὶ τὴν καρδίαν σου,
ὡς σφραγῖδα ἐπὶ τὸν βραχίονά σου·
ὅτι κραταιὰ ὡς θάνατος ἀγάπη,
σκληρὸς ὡς ᾅδης ζῆλος·
περίπτερα αὐτῆς περίπτερα πυρός,
    φλόγες αὐτῆς·

[7] ὕδωρ πολὺ οὐ δυνήσεται σβέσαι τὴν
    ἀγάπην,
καὶ ποταμοὶ οὐ συγκλύσουσιν αὐτήν·
ἐὰν δῷ ἀνὴρ τὸν πάντα βίον αὐτοῦ ἐν τῇ
    ἀγάπῃ,
ἐξουδενώσει ἐξουδενώσουσιν αὐτόν.

[8] Ἀδελφὴ ἡμῖν μικρὰ καὶ μαστοὺς οὐκ ἔχει·
τί ποιήσωμεν τῇ ἀδελφῇ ἡμῶν
ἐν ἡμέρᾳ, ᾗ ἐὰν λαληθῇ ἐν αὐτῇ;

[9] εἰ τεῖχός ἐστιν, οἰκοδομήσωμεν ἐπ' αὐτὴν
    ἐπάλξεις ἀργυρᾶς·
καὶ εἰ θύρα ἐστίν, διαγράψωμεν ἐπ'
    αὐτὴν σανίδα κεδρίνην.

[10] Ἐγὼ τεῖχος, καὶ μαστοί μου ὡς πύργοι·
ἐγὼ ἤμην ἐν ὀφθαλμοῖς αὐτοῦ ὡς
    εὑρίσκουσα εἰρήνην.

[SALOMÃO]

[6] Põe-me como um selo no teu coração
E como um selo põe-me no braço teu,
Pois é o amor tão forte quanto a morte,
E como o inferno é duro o ciúme,
Centelhas de fogo são centelhas
Dela, e a sua chama.

[7] Água demais o amor jamais
Irá apagar, nem os rios podem
Cercá-lo e em prol do amor
Quem der tudo de si
A si não se conhece,
Nem saberão quem é.

F. DE JERUSALÉM [8] É pequenina nossa irmã, nem seios
Tem ainda.
O que faremos para ela
Quando dela se falar?

[9] Se ela é muralha, ergamos nela tetos
Prateados, mas se porta ela for, de cedro
Lhe ponhamos contrafortes.

SULAMITA [10] Eu sou muralha, e meus seios como
As torres, nos olhos dele vou
Como quem acha a paz.

[11] Ἀμπελὼν ἐγενήθη τῷ Σαλωμων ἐν
 Βεελαμων·
ἔδωκεν τὸν ἀμπελῶνα αὐτοῦ τοῖς
 τηροῦσιν,
ἀνὴρ οἴσει ἐν καρπῷ αὐτοῦ χιλίους
 ἀργυρίου.

[12] ἀμπελών μου ἐμὸς ἐνώπιόν μου·
οἱ χίλιοι σοί, Σαλωμων, καὶ οἱ διακόσιοι
τοῖς τηροῦσι τὸν καρπὸν αὐτοῦ.

[13] Ὁ καθήμενος ἐν κήποις,
ἑταῖροι προσέχοντες τῇ φωνῇ σου·
ἀκούτισόν με.

[14] Φύγε, ἀδελφιδέ μου, καὶ ὁμοιώθητι τῇ
 δορκάδι
ἢ τῷ νεβρῷ τῶν ἐλάφων ἐπὶ ὄρη
 ἀρωμάτων.

[SALOMÃO]

Irmão de S. [11] Uma videira teve Salomão em Beelamon,
E Salomão deu sua videira aos entendidos.
Pagava a cada um mil pratas pelas frutas
Que ele dava.

[12] Minha videira, no entanto, é apenas
Minha. Fiquem para ti mil pratas,
Salomão.
E duas centenas para quem vender teus
Frutos.

[13] Ó tu, que estás sentado entre os jardins,
Estão atentos em tua voz os teus amigos.
Salomão Faze-me também ouvi-la.

Sulamita [14] Foge, amado meu, procede como o gamo,
Ou o filhote da gazela: corre
Para os cúmulos do aroma.

TÍTULOS PUBLICADOS

1. *Iracema*, Alencar
2. *Don Juan*, Molière
3. *Contos indianos*, Mallarmé
4. *Auto da barca do Inferno*, Gil Vicente
5. *Poemas completos de Alberto Caeiro*, Pessoa
6. *Triunfos*, Petrarca
7. *A cidade e as serras*, Eça
8. *O retrato de Dorian Gray*, Wilde
9. *A história trágica do Doutor Fausto*, Marlowe
10. *Os sofrimentos do jovem Werther*, Goethe
11. *Dos novos sistemas na arte*, Maliévitch
12. *Mensagem*, Pessoa
13. *Metamorfoses*, Ovídio
14. *Micromegas e outros contos*, Voltaire
15. *O sobrinho de Rameau*, Diderot
16. *Carta sobre a tolerância*, Locke
17. *O príncipe*, Maquiavel
18. *Dao De Jing*, Laozi
19. *O fim do ciúme e outros contos*, Proust
20. *Pequenos poemas em prosa*, Baudelaire

[SALOMÃO]

21. *Fé e saber*, Hegel
22. *Joana d'Arc*, Michelet
23. *Livro dos mandamentos*, Maimônides
24. *A vida é sonho*, Calderón
25. *Eu acuso!* | *O processo do capitão Dreyfus*, Zola | Rui Barbosa
26. *Apologia de Galileu*, Campanella
27. *Sobre verdade e mentira*, Nietzsche
28. *O indivíduo, a sociedade e o Estado*, Emma Goldman
29. *O princípio anarquista e outros ensaios*, Kropotkin
30. *Os sovietes traídos pelos bolcheviques*, Rocker
31. *Poemas*, Byron
32. *Sonetos*, Shakespeare
33. *A vida é sonho*, Calderón
34. *O Ateneu*, Raul Pompéia
35. *O mundo ou tratado da luz*, Descartes
36. *Sagas*, Strindberg
37. *Escritos revolucionários*, Malatesta
38. *A vênus das peles*, Sacher-Masoch
39. *Escritos sobre arte*, Baudelaire
40. *Poemas*, Góngora
41. *Cântico dos cânticos*, [Salomão]

Edição _ André Fernandes
e Jorge Sallum

Co-edição _ Bruno Costa

Capa e projeto gráfico _ Júlio Dui e Renan Costa Lima

Programação em LaTeX _ Marcelo Freitas

Consultoria em LaTeX _ Roberto Maluhy Jr.

Revisão _ Hedra

Texto grego _ Septuaginta, vol. 1, 9ª ed.,
Ed. Rahlfs, A. Stuttgart,
Württembergische Bibelanstalt,
1935, Repr. 1971.

Colofão _ Adverte-se aos curiosos que se
imprimiu esta obra nas oficinas
da gráfica Vida & Consciência
em 11 de julho de 2011, em
papel off-set 90 gramas,
composta em tipologia
Walbaum Monotype de corpo
oito a treze e Courier de corpo
sete, em plataforma Linux
(Gentoo, Ubuntu), com os
softwares livres LaTeX, DeTeX,
SVN e TRAC.